영원한 청년
in 파라과이

영원한 청년 in 파라과이

이상옥 지음

머릿말

하늘, 태양, 초원은 파라과이에서 볼 수 있는 전형적인 자연이다.

어딘들 자연의 푸르름이 없겠느냐마는 끝없이 펼쳐진 초원 위로 소와 말, 양들이 노닐고 있노라면, 지평선 저쪽, 붉게 물들어 가는 저녁놀은 온통 주위를 뜨거운 화마 속으로 끌어들인다.

이런 자연을 친구 삼아 자라는 아이들에게서 해맑은 웃음소리가 끊이지 않고, 교정 한쪽에 모여 앉아, 돌려가며 봄빌야를 빠는 교사들은 아이들 못지않게 일상에서 보는 정겨운 모습들이다.

파라과이를 떠나온 지 꽤 되었는데 지금도 아이들의 웃음소리가 귀에 쟁쟁하고 떼레레를 마시는 교사들의 모습이 곁에 있는 듯 눈에 선하다.

참 좋은 경험이었다.

지구 반대편 파라과이에서의 생활은 두려움과 긴장의 연속이었지만, 요즘 황사로 온통 거리가 뿌연 날이면 한 번 더 가고 싶은 마음의 고향으로 자리 잡고 있다.

파라과이에서의 해외봉사는 내게 크고 작은 변화를 준 소중한 경험이었다.

떨어져 있던 2년간의 생활을 통해서 가족의 소중함을 절실하게 느끼게 한 기간이기도 했다.

매일 컴퓨터로 화상 대화를 나누었지만, 결혼 이후 한 번도 떨어져 보지 않았던 아내와의 별거(?) 생활을 통해 세상에서 가장 소중한 존재임을 서로

머릿말

에게 확인할 수 있는 기간이었다.

　전에는 멀리서 외국인만 봐도 두려웠는데, 이제는 지구촌 어디에 있더라도 당황하지 않을 자신감이 생긴 것이다. 그들의 언어를 알아야 소통하는 것이 아니라, 그들의 마음을 읽으면 어떤 의사소통이나 감정교류도 가능하다는 것을 깨달은 것이다. 의사 전달과 표현은 언어만이 유일한 것은 아니기 때문이다.

　또, 2년간의 생활은 봉사활동의 중요성을 터득한 기간이었다.

　비록 해외에서의 봉사활동이었지만 나의 '인생 이모작'은 봉사와 더불어 시작되었다.

　나의 소중한 경험과 능력이 필요한 사람에게 전해지고, 그들과 함께 있는 것만으로도 위안이 되고 기쁨을 공유할 수 있었다.

　현지에서 생활하는 동안 용기를 주고 격려를 아끼지 않았던 가족, 친지 그리고 지인들에게 먼저 감사를 드리며, 특히 보잘것없는 글을 출간해 주신 한국국제협력단 관계자에게도 깊은 사의를 표한다. 그리고 파라과이에서의 경험을 토대로 각처에서 자신의 능력을 발휘하고 있을 나머지 12명의 파라과이 동기들에게 큰 박수와 격려를 보낸다.

2015년 7월

이병오

목 차

머릿말

chapter. 1
해외 파견 전
- 해외봉사단에 지원하다 ... 11
- 국내훈련 ... 15
- 파라과이로 떠나던 날 ... 17

chapter. 2
파라과이 생활
- 첫인상 ... 23
- 현지적응활동 ... 35
- 자연과 풍습 ... 53
- 파라과이 아이들과 함께 ... 77
- 날, 날, 날 ... 113
- 단원들 이야기 ... 139
- 좌충우돌 적응 이야기 ... 159
- 남미의 심장 파라과이를 여행하다 ... 239

목차

chapter. 3

귀로에 오르다

- 학생들과 헤어지던 날 ... 259
- 한국으로 짐 부치던 날 ... 261
- 2년의 일기 ... 265
- 안녕! 누에바, 아디오스! 파라과이 ... 267
- 가족과 해후하다 ... 269
- 귀국단원 환영회 ... 273

활동을 마치며

chapter. 1
해외 파견 전

파견 초 학교 3학년 아이들과 함께

해외봉사단에 지원하다

'KOICA 해외봉사단 모집.'

오랜 직장생활을 통해 어찌 보면 단조롭게 생활해 오면서 가끔 이런 생각을 해 왔다.

'여행객들로 붐비지 않은 조용한 나라에서 그 나라 사람들이 살아가는 방식대로 지내면서 그들의 문화와 생활을 이해해 보고 싶다.'

막연히 생각해 보곤 했었는데, 그런 경험을 해 볼 수 있는 길이 있음을 알고 가슴이 뛰기 시작했다.

나와 같이 나이가 있는 시니어들도 지원할 자격이 있고, 나라 살림이 어려운 개발도상국 국민들에게 자신이 가진 전문 지식이나 능력을 베풀어 줌으로써 대한민국의 위상도 높이고, 그 나라 사람들에게도 도움을 주는 봉사활동의 일환이니 파견하는 취지도 마음에 와 닿았다.

다시 한 번 파견 목적과 파견 국가, 그리고 지원 자격 등을 꼼꼼히 살펴보고 난 후 가끔 언론에서 들었던 한국국제협력단(KOICA, Korea International Cooperation Agency)에 대해 알아보았다. KOICA는 외교통상부 산하에 속해 있으면서 외국 무상원조를 담당하는 국가 기관이다.

이 모든 것이 나를 위해 존재한다는 착각에 빠져 즉각 인터넷으로 지원서를 작성했다. 희망 국가를 기입하는 칸에서 잠시 많은 생각 끝에 '이왕 해외봉사단으로 활동할 바에 우리나라에서 가장 먼 나라에 가서 봉사하는 것이 의미가 있을 것 같다. 동남아는 너무 가깝고, 우리와 정반대쪽에 있는 남미 파라과이로 가자.' 결정하고 빈 칸을 메워 나갔다. 마지막에 500자 이내로 자기소개 하는 칸이 있는데 나의 이력과 지원 동기 등을 생각나는 대로 써 내려갔다. 접수 마감일까지 매일 들어가서 내가 작성한 글을 읽어 보고, 수정하면서 담당자의 선택을 기다렸다.

　그러나 마감된 지 얼마 후 갑자기 불길한 생각이 들기 시작했다.

　'국가 기관이라 연령 제한을 만 62세(현재는 연령 제한 해제)로 했으나, 실무자들은 같은 조건이라면 나이가 든 사람보다는 젊은 사람들을 선호할 것이다. 나이 있는 사람은 아무래도 건강, 낯선 환경에 대한 적응력 등이 떨어질 것이기 때문이다.'

69기 파라과이 파견 13명의 단원들

여기까지 생각이 미치자 또 불안해지기 시작했다.

그렇게 일주일을 지내고 서류심사 발표가 있던 날 오후 1시, 혼자서 조용히 KOICA 홈페이지를 열고 합격 확인란에 내 이름을 치고 클릭했더니 '합격'이었다. 너무 기뻤다. 그러나 아직 아무에게도 알리지 않았기 때문에 혼자만의 기쁨이었다.

이제는 면접에 대한 준비를 해야 했다. 나름대로 예상 질문들을 작성하고 그에 대한 답변을 써 내려갔다. 지원하게 된 동기, KOICA에 대한 이해, 임지에서 활동, 봉사단으로서의 자세 등, 면접 당일까지 작성된 자료와 씨름해야 했다. 면접일 날, 조금 일찍 대기 장소에 가니 오는 순서대로 인성 검사지를 작성하라고 하는데 문항 수가 500문항이 넘었다. 한 시간 정도 걸려서 작성하여 제출하고 난 뒤 순서에 따라 면접 시간을 기다렸다. 면접은 일반 면접과 기술 면접으로 나뉘어 실시하는데 일반 면접은 봉사자로서의 활동 자세 등을 보고 기술 면접은 분야에 따른 기술적인 분야를 질문하는 것 같았다.

면접관이 내게 "나이가 많으신 분이 어려운 개도국에 가서 적응하실 수 있겠는가?"라고 질문했다. 나는 "이 질문은 나보다는 젊은 사람들에게 할 내용인 것 같다. 우리같이 나이 있는 사람은 어렸을 적에 너무나 어렵게 살아왔기 때문에 그런 나라에 적응하는 것은 문제가 안 된다. 다만 어려움을 겪지 않고 살아온 젊은이들이 오히려 환경 변화에 잘 적응할런지 염려가 된다"라고 답했다. 몇 가지 질문에 답변을 한 뒤 면접실에서 나오는 발걸음이 가벼웠다.

집에 돌아온 후 조용히 아내를 불렀다. "그동안 나로 인해 힘든 일이 많았지요? 끼니때마다 식사 챙겨 주랴. 저녁 모임이 있을 때면 말을 못하고 내 눈치를 보면서 머뭇거리고… 그래서 제안을 하나 하는데 우리 2년간 휴가를 갖고 각자 하고 싶은 일을 하면서 서로를 이해하는 것도 좋을 것 같소. 우리가 어려운 일을 당해서 서로 떨어져 있거나 이별해 있다면 그것은 불행하겠지만 아직 건강할 때 그런 기간을 갖는 것도 괜찮을 것 같소."

이번 KOICA 해외봉사단에 신청해서 면접 보고 온 이야기를 했다. 아내는 갑작스런 이야기에 혼란스러워 했다.

"다행히 시니어 단원에게는 아내와 동반할 수 있게 배려해 준다는데 함께 가는 방법도 있고, 언어 소통이 어느 정도 되는 1년 후에 현지에서 합류하는 방법도 있는데 우리 이번 기회를 좋은 경험할 수 있는 계기로 삼읍시다."

아내는 나의 설득에 어느 정도 동조하는 듯했다. 우리는 1년 후 아내가 파라과이로 오는 것으로 결정을 하고 다음 날 딸들에게 이런 사실을 알렸다.

면접 및 인성검사를 통과하고 '보호자 파견 동의서'에 아내의 사인을 받고 졸업증명서, 자격증 사본 등 구비해야 할 서류를 갖추어 KOICA로 우송한 뒤 지정된 병원에서 건강진단을 받고 '국내훈련 대상자'로 통보를 받았다.

해외봉사단의 일원으로 파라과이로 파견되는 일이 점점 현실로 다가오고 있었다.

국내훈련

국내훈련은 1월 10일부터 2월 10일까지 한 달 동안 합숙으로 진행되었다.

우리 69기 총 100명에 가까운 단원 중에 가장 나이가 많은 나로서는 합숙훈련이 쉽지만은 않았지만 이런 기회를 통해 젊은이들과 동등한 입장에서 똑같이 생활해 보는 것도 의미가 있을 것으로 생각하였다. 하지만 한편으로는 한겨울에 다양한 활동이 진행되는 동안 건강이 염려되는 것도 사실이었다. 훈련 입소를 시작으로 매일 아침 6시에 기상하여 현관 앞에서 스트레칭으로 몸을 풀고 인근 초등학교에서 구보로 운동장 몇 바퀴를 돈다. 오전에는 현지어를 배우고 오후에는 봉사단원으로서 가져야 할 정신교육, ODA 사업, 친교활동, 현지 활동 소개 등 다양한 활동이 진행되었다.

국내훈련 중 가장 어려웠던 것은 현지어 학습이었다. 물론 다른 것들도 적응이 쉽지는 않았으나, 현지어는 내게 커다란 스트레스 대상이었다. 처음에는 '영어와 전혀 다르기 때문에 젊은 단원들이 1시간 공부하면 나는 2시간 하면 되겠지' 하는 마음으로 시작했으나 도저히 젊은 사람들과 함께 갈 수가 없었다. 밤잠도 제대로 자지 않고 나름 열심히 했으나 매일 보는 쪽지 시험에는 절반도 못 맞추는 열등아가 되어 있었다.

어느 날 13명 파라과이 팀에게 나의 고민을 털어 놓았다.

"나는 지금까지 능력은 없지만 열심히 노력하면서 살아왔는데 요즘 현지어 공부를 하면서 나의 한계를 처음 느꼈다. 아무리 열심히 해도 언어 향상이 되지 않는 것을 알았고 거기서 오는 스트레스가 이만저만이 아니었다. 그래서 내린 결론은 현지어에 대한 학습은 떨쳐 버릴 수는 없지만 현지어로 인해 스트레스를 받지 말자는 것이다. 이점 여러분들이 이해하고 서로 도와주기를 바란다."

단원들 모두가 내 마음을 이해하고 동조했다. 그들도 현지어에 대한 스트레스는 나와 비슷하다고 했다. 나는 우리 13명이 시작했으니 2년 후 마무리도 13명 모두 한사람도 낙오 없이 웃으며 함께하자고 다짐하면서 함께 웃었다.

그 후 우리 13명은 일사불란하게 프로젝트 과제도 성공적으로 해결하고 팀워크도 다지면서 국내훈련을 멋지게 마무리할 수 있었다.

파라과이로 떠나던 날

파라과이로 출발하기 9일 전.

국내훈련을 마치고 여러 가지 정리할 것들을 정리하고, 한편으로는 이국에서 혼자 지낼 때 필요한 물품들을 준비하느라 시간을 보냈다. 파라과이의 겨울은 영하로 내려가지는 않지만, 생각보다 추워 따뜻한 침낭이 필요하다고 해서 인터넷을 통해 침낭을 신청했는데 감감 무소식이다. 기다리다가 어제 전화를 해보니 담당자가 그쪽 회사와 연락이 안 되어 다시 환불해 준다는 것이다. 출발 날짜가 얼마 남지 않았는데… 다행히 동기 봉사단원의 도움으로 다소 비싸기는 하지만 따뜻한 거위털 침낭을 구입할 수 있었다.

짐 정리를 하다가 마음 한구석에서 약한 생각이 고개를 든다.

과연 내 선택이 올바른 것인가? 이제부터는 가족들과 함께 여행이나 다니고, 맛집도 찾아다니면서 여유 있는 생활을 해도 되는데 왜 힘든 길을 가려 하느냐고 말리던 친구의 말이 생각났다. 그러나 주사위는 던져졌다.

처음 KOICA에 지원할 때의 마음으로 나에게 주어진 일을 다 하고 낯선 생활에 적응하면서 더 넓은 견문을 익히겠다. 그리고 2년 후 큰 보람을 안고 건강하게 돌아오겠다는 다짐을 하면서 깊은 한숨으로 약해져 가는 마음을 지그시 눌러 보았다.

파라과이로 출발 1일 전.

2년간 함께할 짐들을 꾸리고 준비하는 데 많은 시간을 보냈다. 그 중 상당한 양이 파라과이에서 필요한 한국 음식 재료들과 더운 나라에서 입고 활동할 옷들이었다. 떠나는 한국에 미련을 못 버리는 사람이 짐이 많은 법이라고 했는데… 사실 나는 해외여행을 가서도 김치 없으면 식사를 못 해서 늘 걱정이었는데 이번에는 낯선 곳, 혼자 생활해야 하는 까닭에 걱정이 이만저만이 아니다. 생각 끝에 통조림으로 가공된 김치 캔을 12개 구입하고, 인터넷을 통해 건조 김치를 사서 파라과이에서의 비상 시기에 대비했다. 이런 것들을 준비하면서도 머리가 혼란스러워 옴을 어찌할 수가 없었다.

저녁에는 아내와 두 딸아이, 사위 이렇게 모여 한국에서의 마지막 만찬을 하면서 건강을 기원하고, 1년 후 파라과이에서 만나기로 아내와 약속하며 서로의 다짐을 확인하는 시간을 가졌다.

파라과이로 출발하는 날.

인천공항에 가족들이 모두 모여 떠나는 나를 배웅해 주었다. 모두 밝게 웃고 있었지만, 건강하게 돌아오기를 바라는 가족들의 한결같은 마음을 읽을 수 있었다. 각지에서 우리 13명의 단원들이 속속 도착했다. 그들의 가족, 친지, 친구들도 함께 와서 떠나는 단원들을 아쉬워하며 건강을 빌어 주었다. 출발 직전 우리는 기념촬영을 한 후 배웅 나온 사람들과 헤어져야 했다. 나도 가족과 작별인사를 한 후 아내의 어깨

떠나는 날
인천공항에서

를 두드리며 잘 다녀오겠다고 했다. 웃고 있는 아내의 눈가가 젖어 있었다.

비행기 안에서만 26시간이 지났다.

길고도 지루한 여행이 되겠지만 지금은 무사히 파라과이에 도착하는 것이 목표다.

앞으로 내게 어떤 어려움과 시련이 닥칠지 모르는 두려움과 외로움을 이겨내고자 스스로 몇 번이고 다짐해 본다.

영원한 청년, 파이팅, 파이팅, 파이팅!

chapter. 2

파라과이 생활

첫인상

우리들은 긴 여행에 지쳐 단복도 제대로 갖춰 입지 못했지만, 처음으로 경험해 본 기나긴 비행기 여행과 차창 밖으로 보이는 것들을 신기해하면서 피로를 풀 수 있었다.

교사들과 함께한 파라과이 민속무용

파라과이에 첫발을 딛다

드디어 파라과이 수도 아순시온에 도착하였다. 3월 2일 21시 35분 인천공항에서 출발하여 11시간 만에 LA에 도착하여 비행기 급유 때문에 2시간을 지체한 후 다시 12시간 만에 브라질 상파울루에 도착하여 최종 목적지인 파라과이 행 소형 여객기를 타고 파라과이의 제 2의 도시 '씨우 닷 델 에스테' 그리고 수도 아순시온에 도착하여 KOICA 현지사무소 소장님과 직원들의 환영을 받으며 일본식 유스호스텔에 도착했다.

우리들은 긴 여행에 지쳐 단복도 제대로 갖춰 입지 못했지만, 처음으로 경험해 본 기나긴 비행기 여행과 차창 밖으로 보이는 것들을 신기해하면서 피로를 풀 수 있었다.

한국과는 12시간 시차가 있지만 피곤에 지쳐 아침 5시(한국 오후 5시)에 기상해서 제일 먼저 인터넷이 되는가를 확인했다

무엇보다 집에 있는 아내와 가족들이 걱정하고 있을 것이기 때문이다. 국내훈련 때 룸메이트였던 단원의 도움으로 무료 화상통화의 고마움을 알게 되어 집에서 틈틈이 노트북과 컴퓨터를 연결해서 아내

에게 작동하는 법을 일러 주고 서로 연습해 보았었다. 화상통화는 우리처럼 멀리 떨어져 있는 사람에게 소식을 전하고 안부를 묻기에는 너무나도 필요한 기능이다. 그러나 이는 인터넷이 연결되어야 하는데 다행히 우리가 묵을 호텔에는 인터넷이 해결되어 화상통화가 가능할 것 같았다.

아침식사를 마치고 호텔 정원을 둘러보았다. 일본식 호텔이라 여기저기 일본 사람들의 흔적을 엿볼 수 있었다. 룸메이트와 함께 앞으로 6주 동안 생활할 때 필요한 취사도구 및 조리 시설도 완비되어 있고, 현지어를 공부할 때 필요한 책상 및 조명도 잘 갖추어져 있었다. 방도 생각보다 넓고, 구형이지만 에어컨이 두 대가 있어, 바깥 기온이 30도 정도인 지금도 호텔 안에서는 더위가 느껴지지 않는다.

이튿날 새벽, 숙소 창문 커튼을 열어 보니 바깥이 시끄러운 소리가 난다. 도로 양 옆으로 새벽시장이 열리고 있었다. 아직 새벽잠이 덜 깬 상태일 텐데… 이곳 사람들은 참 부지런하나 보다. 시장은 동트기 직전에 시작해서 아침 8, 9시쯤에 끝난다고 한다.

나중에 안 사실이지만 이곳은 덥기 때문에 이렇게 새벽활동을 많이 한다고 한다.

우리의 도깨비 시장처럼 그들이 가지고 있는 물건 중에서 값이 나갈 만한 것들을 모아서 팔기도 하고 과일, 시계, 전지, 신발 등 생필품을 파는데 그동안 우리나라 상품에 익숙해서인지 대부분 조잡스런 물건들 같았다.

파라과이 기획청을 방문하다

파라과이에 온 지 2일째

　파라과이에 온 지 2일째 오전에 우리 13명은 관리요원들과 함께 처음으로 아순시온의 거리로 나와 이곳에서 쓸 핸드폰과 현지화(과라니)를 교환했다. 핸드폰이라야 오륙십 불 정도의 싼 것이지만 이곳에서는 필수적인 통신장비로 이 나라 모든 지역까지 통화가 가능하다. 현지 봉사단원끼리는 10분까지 통화료가 무료이어서 단원들의 사랑을 가장 많이 받는 대상이기도 하다. 나중에 안 사실이지만 이 핸드폰은 실내에서 휴대 전등 구실을 해주어 주위를 밝혀 주기도 하고, 또 바닥이 타일로 되어 있는 곳에서 핸드폰을 떨어뜨려 박살이 나 배터리가 분리되고, 뚜껑이 날아가도 다시 조립하면 신기하게도 그 기능이 되살아난다.

　나는 이 핸드폰 뒷면에 우리 단원 12명의 단축번호를 적어 붙여놓고 사용하다가 1년 반 정도 됐을 때 고장 나서, 귀국 단원의 핸드폰 속 유심 칩을 바꾸어 넣고 쓰다가 귀국 시 다른 단원에게 넘기고 돌아왔다.

　우리는 파라과이 기획청을 방문했다. 한국에서 봉사단원이 처음 파라과이에 오면 제일 먼저 방문한다는 이곳 기획청은 외국에서 오는

원조를 담당하는 관공서라고 한다. 기획청 장관을 만나 인사하는 과정에서 우리는 한 명씩 자기소개를 했다. 나중에 안 사실이지만 국내 훈련에서 배웠던 단어들이 이곳 파라과이에서 통용되지 않은 단어들이 꽤 있다는 것도 알았다. 이곳에서 근무하게 될 컴퓨터 단원이 우리 중에 한 명 있다는 것도 알고 축하해 주었다.

점심으로 이곳 파스타를 잘한다는 식당을 찾았다. 다양한 종류의 재료 중 자기가 원하는 여덟 가지 재료를 선택해서 알려 주면 그것을 넣어 요리해 준다. 다른 사람들은 느끼하게 느껴질 수 있겠지만, 치즈를 좋아하는 나는 냄새가 없어 잘 먹을 수 있었다. 거기에 콜라까지 곁들여서 우리 돈 7,500원 정도(3만 과라니. 일 년이 지나서 가보니 2만 7천 과라니로 내려가 있었다.)에 훌륭한 점심식사를 할 수 있는 이곳 파라과이이다.

그곳에서 우리를 인솔하시던 분이 현지인을 만나 인사하는 모습을 보았다. 이곳 파라과이에서는 친한 사람을 만나면 베소(beso)라는 인사를 하는데 남녀가 서로의 뺨을 번갈아 대며 반가워한다. 그러나 남자끼리는 이런 인사를 하지 않고 악수만 하는데, 남미의 다른 나라들은 한쪽 뺨만 대고 인사를 하는 나라도 있다고 한다. 처음 보는 나는 당황스럽고 어색하기도 했지만, 2년간 파라과이 농촌에서 생활하면서 현지인들과 이런 인사를 수없이 하고 지내왔다.

현지어 학습하던 날

파라과이에 온 지 3일째

우리는 현지인 선생님과 6주간 스페인어 학습에 들어갔다. 아메리카나 대학의 대학원 건물에서 나와 동기 단원 4명이 한 반이 되어 첫 수업이 시작되었다. 이날은 자기소개와 함께 가족 소개, 한국에서의 직업 등을 말하면서 자유로운 대화 중심의 수업이 진행되었다.

우리의 지도 교사는 릴리(Lily)라는 현지인인데 내가 파견되는 누에바 이탈리아에서 가까운 동네인 빌리에타(Villieta)에 산다고 한다.

수업을 마치고 돌아오는 버스 안은 찜통 그 자체였다. 버스 창문마다 열어젖히고 승객이 타는 앞문까지 열고 달리지만 밖에서 들어오는 열풍을 식힐 수 없었다. 지금 이곳은 가을로 접어들고 있는데 이마와 등줄에 땀이 줄줄 흘렀다. 마침 신호에 걸려 서 있는 교차로에 현재 기온 표시를 보았더니 섭씨 41도였다. 난생처음으로 내 몸이 느끼는 더운 지방에 와 있는 것이었다.

호텔 인근 시장에 가려고 버스에서 내렸다. 이 시장에는 우리 교민들이 많이 살고 운영하는 가게도 많아 우리들이 자주 이용한다는 이야기를 들었다. 특히 파라과이에서 한국 식품들을 구입할 수 있는 유

3월 7일 16:17
현재 아순시온 기온

일한 곳이 바로 이 시장(4시장)이라는 것이다. 오늘 나를 포함해 우리 동기 남자 5명의 저녁 식사를 담당하는 당번이 되어 찌개거리를 준비하기 위해 4시장에 나왔다.

어느 나라이건 간에 시장은 활기찬 사람들로 항상 붐빈다. 물건을 사고파는 사람, 과일을 싣고 내리는 사람, 상품을 진열하고 어딘가 바삐 가는 사람들. 저마다 하는 일이 있고 모두 바삐 움직인다. 우울하고 근심이 있는 사람들이 가끔 활기로 가득 찬 시장에 나와 살아가기 위해 움직이는 상인들을 보고 삶의 동력을 얻는다는 이야기를 들은 적이 있다.

한인 상점에 들러 감자, 된장, 양념 등을 사가지고 호텔로 돌아왔다.

아순시온 시내버스

파라과이에 온 지 5일째

이곳에 온 지 일주일이 채 안되었지만 많은 것을 알게 되었다.

우선 날씨가 너무 더워 사람들의 활동 시간이 주로 오전에 집중되어 있어 학교, 관공서, 회사 등도 오전 7시 전후로 출근해서 오전에 집중적으로 업무를 하고 있다. 오후에는 찌는 듯한 더위로 잠시 햇볕을 쬐면 금방 화상을 입을 것만 같다. 그래서 '씨에스타(siesta)'라는 오수를 즐기는 문화가 이어지고 있나 보다. 그러나 언제부턴가 오전, 오후를 가리지 않는 한인들의 억척스런 경제활동으로 인해 현지 사람들도 많이 변해가고 있다고 한다.

나는 어린 시절 시내버스를 타면 버스 운전기사 옆 엔진 뚜껑 위에 앉아 가는 것을 좋아했다. 요즈음 버스는 엔진이 뒤에 있어 소음도 적고 운전기사 옆 공간이 넓지만, 과거 시내버스의 경우 그곳이 아주 좋은 좌석이 되곤 했다. 왜냐하면 엉덩이가 따뜻하고 시야가 넓어 바깥 구경하기가 좋았기 때문이다. 그런 버스를 이곳에서 만났다.

우리 돈 600원이면 웬만한 시골까지 데려다 준다. 이곳 버스의 출입구 문은 항상 개방되어 있다. 에어컨은 꿈도 못 꾸는 버스인지라 달

대학까지 태워다 주는
버스

리는 동안 승객들의 더위를 식혀주기 위함이리라. 버스 의자는 시트를 벗겨 버린 금속 그 자체이다. 가끔 플라스틱 의자도 있긴 하지만… 달리는 동안 엔진 소음 때문에 귀가 따갑다. 그래도 순박한 이곳 사람들은 운전기사와 매연 뿜는 폐차 직전의 버스를 너무너무 사랑하고 있다. 손만 들면 어디서든지 태워서 목적지까지 데려다 준다.

정이 들어가는 파라과이를 나는 사랑한다.

한국 대사관 방문

파라과이에 온 지 11일째

우리 단원들은 관리요원들과 함께 파라과이 주재 한국대사관을 찾아 신규 해외봉사단원으로 파견되었음을 신고하는 인사를 드렸다. 참사관의 안내로 간단하게나마 파라과이에 대한 정보를 얻을 수 있는 기회를 가졌다.

파라과이는 농업 위주의 산업으로 공산품이 상대적으로 비싸다. 대두(콩)의 수출이 세계 6위, 쇠고기 수출은 세계 7위 그리고 다른 농산품 등을 합해 수출품 중 절반 이상이 1차 산업의 생산품이다.

그리고 특이할 만한 점은 전력 수출량이 세계 2위란다. 세계적인 폭포 '이과수' 폭포에서 흘러나오는 막대한 양의 수량으로 발전을 해서 파라과이 전역에서 사용하고 남은 전력을 인근의 브라질이나 아르헨티나로 수출한다는 것이다. 물론 대량의 전력을 나라 안에서 소모할 만큼 각종 공업이 발달하지 않아서 남는 전력이 많으리라. 그런데 전력 수출 대상국이 브라질과 아르헨티나로 제한되어 있고, 또 터무니없는 싼 가격으로 수출해야 하는 불평등 조약으로 많은 전력을 빼앗기다시피 한다는 것이다. 그도 그럴 것이 3국 동맹 전쟁으로 민족이 사라질 뻔했던 파라과이에서 보면 전후 보상비를 지불해야 하고, 전쟁 후 아무 것도 남아 있지 않은 속에서 수력발전소 건설도 브라질의 도움으로 그나마 짓게 되었으니 전기를 생산해서 쓰고 남은 전력은 다른 나라에 줄 수밖에 없으리라. 인근 남미의 여러 나라, 볼리비아나 칠레 등에서도 더 비싼 값에 사겠다고 해도 그 불평등 조약 때문에 어쩔 수가 없다고 한다. 이는 앞으로 파라과이가 해결해 나가야 할 난제가 아닌가 싶다.

일인당 국민소득이 3천 불이 넘어섰어도 최빈곤층 17%를 합해 국민 절반이 넘는 사람들이 빈곤한 생활로 허덕이고 있다고 한다.

연평균 경제성장률이 4%가 되는데도 왜 이런 현상이 생길까?

개발도상국가들이 그러하듯이 관 주도의 행정이나 서비스가 어려운 국민들을 더 힘들게 하고 있지는 않을까?

과거 남미의 중심지, 철도가 맨 처음으로 깔리고 바다가 없는 나라에서 큰 배도 가지고 있던 나라가 이렇게 살게 된 원인은 어디에 있을까? 나는 머지않아 파라과이가 지금보다 더 잘 살게 될 거라고 생각한다. 그것은 순박한 국민들의 노력과 인근 국가들의 지원과 관심, 그리고 국민 편에 서서 개혁을 이끌 훌륭한 지도자를 만나게 된다면 말이다.

현지적응활동

나를 필요로 하는 파라과이의 사랑스런 어린이 곁으로. 그리고, 또 다른 미지의 세계가 펼쳐져 있는 곳으로 '영원한 청년'이 간다.

축제 분위기를 끌어올리는 저학년 어린이들

미국 평화봉사단원을 방문하다

파라과이에 온 지 19일째, 3월 23일

　오전 현지어 수업을 마치고 우리는 아순시온 외곽에 있는 미국 평화봉사단원(Peace Corps)의 임지를 방문해서 숙소와 근무처를 돌아보고 왔다.

　미국의 평화봉사단은 1961년 당시 케네디 대통령이 주장해서 만든 봉사단체로서, 나이 드신 분들은 알겠지만 과거 우리가 어려웠던 육칠십 년대 우리나라에 와서 학교나 기관에서 많은 봉사활동을 했던 단체이다. 현재는 세계에 약 8,000명이 파견되어 활동하고 있는데 우리와 마찬가지로 2년 임기로 이곳 파라과이에는 200명가량의 단원들이 활동하고 있다고 한다. 이들은 각 나라의 가장 어려운 지역으로 파견되는데 교통이 잘 닿지 않고, 그야말로 오지로 파견되어 현지인들의 어려운 사람들과 똑같이 생활하면서 그들을 이해하고 도와주고 있어 현지 주민이나 국가로부터 인기가 높다고 한다.

　단원이 사는 동네는 빈민가라 주위가 지저분하고 집들도 초라하기 짝이 없었는데, 신기하게도 우리 한글로 적힌 티를 입고 있는 여자아이가 있어 반가워서 모두들 '올라(Hola)!'를 외쳐댔다.

미국 단원의 집을 돌아보았는데 그의 숙소는 한마디로 깊은 시골에 있는 집과도 같은 초라한 집이었다. 에어컨도 없고, 창고 같은 세 칸의 공간에 주방, 거실, 침실을 만들어 놓고 혼자 생활하고 있었다. 23살 청년이 앞으로 1년을 더 생활할 공간치고는 너무 초라했다. 근무지는 숙소에서 십여 분 떨어진 지역 문화센터였다. 말이 문화센터이지 2층으로 된 세 칸의 공간에 1층에는 어린이들의 공부방으로 여러 학년이 공부하고 있고, 2층에는 컴퓨터실이 있는데 유일하게 에어컨이 돌아가고 있는 교실이었다.

숙소로 돌아오면서 '진정한 봉사'는 어떤 것인가를 생각해 보았다.
'나중에 임지에 가보면 알겠지만, 현재 우리 숙소만큼 좋은 시설과 여건을 갖춘 곳은 없다'는 관리요원의 말에 동감했다. 사실 지금은 온수, 냉수 잘 나오겠다, 전기 펑펑 잘 돌아가고, 인터넷 잘되는 이런 지역은 없을 것 같다.
가끔 화장실에서 바퀴벌레가 나와 단원들의 화제가 되긴 하지만…
그리고 앞으로 내가 거처하게 될 '누에바 이탈리아'는 어떤 곳일까 상상해 보았다.

현지적응 과정 끝나다

파라과이에 온 지 1개월, 4월 12일

　내일 모레 토요일이 되면 파라과이에 와서 현지적응을 위해 현지어와 이곳 문화 일반을 학습했던 준비 단계가 끝나고 실습 단계로 들어간다.

　지금까지는 스페인어와 과라니어, 그리고 어렴풋이나마 파라과이에 대한 얕은 지식을 얻는 기간이었다면, 다음 주 2주 동안은 현지에 내려가서 그들과 생활하면서 파라과이 문화를 몸으로 느껴보는 실습 기간이 된다.

　모레, 그러니까 이곳 시간으로 14일(토) 오전에 내가 근무할 '누에바 이탈리아'에 있는 초등학교에서 나를 데리러 온다고 한다. 그동안 생활에 부족함이 없었던 아순시온 생활을 뒤로 하고, 한국에서 상상해 보았던 투박한 시골 생활을 위해 현지 가정집에서 2주 정도 생활을 하게 된다. 어떤 집일까도 궁금하지만 과연 내가 그곳에서 잘 적응할 수 있을까 조바심이 나는 것도 사실이다. 이 기간에 2년 동안 거처할 집도 마련해야 한다. 민박집의 음식이 맞을 것인가, 환경이 괜찮을까, 내가 근무할 학교는 어떤 곳일까, 그 집에는 인터넷이 될까, 걱정에 걱정이 그치질 않았다.

2주 동안의 민박 생활을 마치면 다시 아순시온으로 돌아와 그동안 사무소에서 제시한 과제들(현지어로 쓴 일기, 그 지역의 물가, 소득 수준, 기관의 관심도 등)을 제출하고 그동안의 활동을 프레젠테이션을 통해 발표하고 나면 원래 예정되었던 임지로 돌아가서 단원으로서 생활을 하게 된다.

지금 나는 민박집의 모습을 상상하면서 짐을 정리하고 있다.

나를 필요로 하는 파라과이의 사랑스런 어린이 곁으로, 그리고 또 다른 미지의 세계가 펼쳐져 있는 곳으로 '영원한 청년'이 간다.

현지어 학습 시간

누에바 이탈리아에 오다

파라과이에 온 지 1개월, 4월 14일

임지로 떠나는 날, 비가 새벽부터 오기 시작해서 지방으로 갈 단원들이 걱정을 많이 했는데, 나는 다행히 중간에 비가 그쳐서 짐 보따리가 많이 젖지 않았다.

내가 근무할 초등학교 교장과 민박집 아들, 그리고 운전사, 교장 아들 이렇게 4명이 호텔로 와서 나의 짐을 실었다. 교장은 오랜만에 아순시온에 왔는지 주문한 물건들을 함께 싣고 다섯 명이 꽉 끼어서 이곳 누에바 이탈리아에 왔다.

내가 2주간 거처할 숙소는 버스가 다니는 도로 옆 건물 비어 있는 상가를 쓰고 있는데 방에 들어가려면 일단 머리를 숙이고 철창과 같은 셔터 문, 다음에 유리문을 열고 들어가면 삼면이 막혀 있는 사무실이다. 좌측 끝에 화장실이 있고 침대에 책상 하나, 화분 두 개, 그리고 의자 하나가 가구의 전부이다.

천장에 천천히 돌아가는 선풍기가 있어 다행이다. 숙소 옆 우측은 주인 집, 좌측의 노란색 건물이 우리 식으로 하면 식당 겸 호프집인데 밤늦게까지 시끄러웠다. 특히 도로변이라 오토바이 소리가 어찌나 요

문이 열려 있는 곳이
내 숙소이다.

란한지 그 소리에 잠을 설쳤다. 주인집은 생각보다 넓어 사방으로 공터와 나무들이 자라고 있다. 몸집이 넉넉한 주인 할머니는 15년 전 내가 근무할 학교 교장이셨다고 한다. 나는 이 집에서 식사를 하고 주인 부부와 간단한 대화를 나누면서 현지어를 익히고 있다. 내가 간 토요일에는 멀리 사는 아들딸들이 찾아왔다. 그 손자손녀들과 함께 놀았는데 6살 된 비얀카라는 여자아이는 이틀간 나와 함께 놀면서 나무, 꽃 등 자연에 관한 단어 선생이 되어 주었다.

학교와 첫 만남

파라과이에 온 지 1개월, 4월 17일

어제 일요일에 숙소를 나와 내가 근무하게 될 학교를 찾아보았다. 붉은 벽돌로 지어진 학교 본관은 가운데 돔 형태의 중앙 현관이 있고, 단층으로 여러 동으로 나뉘어 있는 이곳은 초등학교치고는 넓은 편이다. 학생 수도 전체 6백여 명으로 우리의 중학교 과정(7~9학년)을 포함하고 오후반까지 있어 이곳에서는 큰 학교라 할 수 있다. 수업은 아침 7시에 시작해서 11시에 오전반이 끝나고, 13시에 오후반이 시작해서 17시에 끝난다. 그리고 중학교 과정인 7~9학년은 12시 20분경에 끝나는데 그들 말로는 6교시를 한다고 한다.

월요일 학교에 가니 낯선 동양인의 모습에 어린이들이 호기심에 가득 찬 얼굴로 나를 바라보고 있다. 삼사 학년 교실인 듯한 교실 안 뒷면에는 숫자판이 걸려 있는데 곱셈을 지도하는 표인 듯하다.

아이들은 중간 쉬는 시간에 나와 부지런히 교실 주위를 쓸다가 나를 보자 너도나도 모여 들어 사진을 찍어 달라고 포즈를 취한다. 또 이 시간에는 아이들이 학교 매점에 와서 우리 돈 250원 정도의 튀김만두(엠빠나다)나 음료수를 사 먹은 후 다음 수업 시작 직전 반별로 나와서 양치질을 하는 것을 보아 위생교육도 잘하고 있는 듯 보였다.

운동장 넓은 공간 중간 중간에 커다란 나무가 자리 잡고 있다. '나무를 없애고 운동장을 넓게 해야 아이들이 마음껏 뛰어 놀 텐데…'라고 생각했는데 이곳은 더운 지방이라 그늘이 필요하고, 나무 그늘에서 한 반 수업하기 적합하기 때문에 나무가 필요한 듯하다. 오랜 세월 그들이 터득한 지혜이리라.

수업을 마치고 돌아가는 아이들의 교문 주위에는 우리처럼 엄마들이 아이들을 데리러 오는 모습이 눈에 띈다. 주로 저학년 학부모들이다.

걸어서 온 학부모도 있지만 대부분 오토바이를 타고 온다. 이곳의 교통수단은 오토바이로 어린이를 뒤에 태우고 오던 길을 되돌아 집으로 간다. 여기 사람들은 육식을 해서 그런지 몸집이 좋다. 넉넉한 몸집으로 그것도 뒤에 아이들을 태우고 가는 것이 쉬운 일이 아닐 텐데 비포장도로도 곧잘 운전해 간다.

처음 본 학교와 밝고 천진난만한 아이들을 통해 '잘할 수 있겠다'는 자신감이 들었고, 뭔지는 모르지만 소명감이 마음 한쪽에 자리 잡고 있었다.

현지인의 생일파티

파라과이에 온 지 2개월, 4월 23일

지난 금요일 도서실 담당 선생(Rossi)이 부친 생일이라고 아사도를 먹으러 오라고 해서 승낙했는데, 오늘 민박집 할머니가 그 생일집에 가겠냐고 묻는다. 나는 현지인들의 생활 속에서 보면 그들을 이해하는 데 도움이 될 것 같아 가겠다고 하니 할머니는 아들에게 부탁을 해 그 차를 타고 로시 집에 갔다. 로시 집에는 소를 몰 때 타는 말이 두 마리나 있다고 자랑을 한다. 생일 선물로 한국에서 가져온 컴퓨터 이동식 메모리 USB(1G) 하나를 선물하니 너무 좋아했다.

71세인 그의 부친은 오늘 생일을 지내고, 일 년 후에 암으로 돌아가셨는데 이곳 사람들은 육식을 많이 해서 그런지 암에 많이 걸린다고 한다. 날이 더우니까 야외에 식탁을 준비해 놓으면 사람들이 삼삼오오 모여서 담소를 나눈다. 식사가 시작되자 뷔페식으로 각자 자신이 먹을 음식을 접시에 담아 온다. 한쪽 코너에서는 소머리를 삶아서 놓고 그걸 나이프로 잘라서 각자 필요한 부위를 가져간다. 식사를 하면 여자들이 아사도인 소갈비를 잘라서 한두 토막씩 준다. 그러나 시커멓게 그을린 고기에 선뜻 손이 가지 않는다. 우리처럼 손질을 잘 하고

1. 생일 맞은 주인공 과 함께
2. 로시의 부친(중앙 의 흰 셔츠)과 함께

타지 않게 해서 먹으면 참 맛있겠는데…

　식사하는 도중에 누군가 다가와서 내게 인사를 한다. 3학년 담임인 프레디이다. 그는 학교에서 내게 먼저 인사를 청한 첫 번째 교사이다. 한국에서 열리는 여수 엑스포에 자신을 포함해 여러 단원이 파라과이 민속무용을 보여 주기 위해 몇 달 후에 한국에 간다는 것이다. 사실 나도 여기 오기 전에 여수 엑스포 행사에 자원봉사를 신청해서 서류, 면접을 통과하고 자원봉사 교육만 남겨놓고 이곳에 왔기 때문에 한국에 간다는 프레디에게 또 다른 애정을 갖게 되었다.

　프레디와 식사하고 있는데 옆 사람이 나를 보고 웃는다. 내 숙소 옆 사무실에 있는 남자로 얼굴이 병적으로 검은 편인데 나를 무척 좋아한다. 나를 보면 일본 사무라이나 한국의 박력 있는 모습을 지어 보이며 아는 체를 해서 내가 일부러 과장된 태권도 동작을 표현해 보여 주었다.

그런 친구를 여기서 만나게 되었다.

식사가 끝나고 오늘의 주인공과 사진을 찍고 나자, 주위 사람들이 몰려와서 한 장 더 찍자고 한다. 사진을 찍는데 뒤에 붉은 깃발을 달아 놓은 곳에서 찍자고 한다.

나중에 안 사실이지만 그 깃발은 오늘 생일의 주인공이 지지하고 있는 정당의 깃발이었다. 파라과이에서는 이렇게 자신이 지지하는 정당을 드러내 놓고 표현을 한다. 선거철이 되면 그 깃발을 집 앞에 걸어 놓은 것을 쉽게 볼 수 있다. 마치 자신이 지지하는 정당을 자랑스레 얘기하는 것처럼…

사진을 찍자고 모여 든 사람들도 몸집이 모두 넉넉한 사람들이다.

그 속에 내가 있으니 웬지 왜소한 느낌이 들었다. 그러나 처음으로 같이한 파라과이 사람들은 순박하고 활력이 넘치며 정이 많은 사람들이다. 그 속에서 그들과 함께 친구로, 이웃으로 살아갈 수 있다는 생각이 들었다.

1학년 아이들의 스승의 날 기념 공연

현지적응 교육 수료식

파라과이에 온 지 2개월, 5월 2일

　2주간의 현지적응과정(OJT) 기간을 무사히 마치고 26일(목) 오후에 각지에 흩어져 있던 우리 단원들이 아순시온으로 다시 모였다.

　그동안 자신의 낯선 근무 지역에서 2주 동안 지낸 에피소드를 이야기하느라 정신이 없었다. 한창 이야기하고 싶을 나이에 얘기 상대가 없어 얼마나 외로웠을까. 낯선 이국인들과 짧은 기간이지만 지내왔던 일들을 동료 단원들에게 얘기하느라 시간 가는 줄 몰랐다. 대부분 잘 지내고 온 것 같아 한결 마음이 놓였다.

　저녁에는 파라과이 소장이 2주간 고생하고 돌아온 우리 단원들을 위해 만찬을 베풀어 주셨다. 현지식이 아닌 순수 한식으로 오삼불고기, 비빔밥, 냉면 등이 나왔다.

　다음 날은 수료식이 있는 날이다.

　수료식이 시작되기 전에 식장으로 가서 내빈들에게 선보일 파라과이 전통무용을 연습하고 10시에 수료식을 했다. 파라과이에 와서 현지 과정을 이수한 수료증과 함께 그동안 현지어 수업 성적표를 받았는데 생각보다는 우수한 성적(?)으로 수료했다. 내빈 축사가 끝나고 우리들이 준비한 프레젠테이션으로 자기소개하는 시간이다.

　나는 프레젠테이션 하는 것을 들어보기는 했지만, 직접 여러 사람 앞에 서 보지 않아서 작성하는 것도 힘들었지만 발표도 난감했다. 파라과이에서 쓸 내 이름, 한국에서의 직업, 이곳에서 할 일, 그리고 각오 이런 것을 스페인어로 하는데 단어가 생각이 안 나는 것은 보고 대충 읽었다. 고맙게도 멀리 나를 축하해 주기 위해 우리 학교 교장과 2주 동안 신세 졌던 민박집 주인이 참석해 주었다. 그리고 교장은 여러 사람 앞에서 2주간 나의 학교 생활과 성격 등에 대해 말하면서 나름대로 격려와 칭찬을 해 주었다.

　2부 행사는 우리들이 준비한 파라과이 민속무용이었다. 그동안 우리 13명은 현지어 학습 중간에 민속무용을 배웠는데 오늘은 민속의상을 갖추어 입고 음악에 맞추어 단체무용을 했다. 참석한 기관장과 내

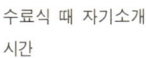

수료식 때 자기소개
시간

빈들이 박수를 치며 즐거워했다. 우리는 기념촬영을 끝으로 길고도 짧은 8주간의 현지적응과정을 마칠 수 있었다.

이제 우리는 13명이 함께 공동생활과 학습으로 다져진 현지 적응력을 각자 임지로 돌아가 나름대로 발휘할 때가 되었다. 우리 모두 함께 즐거웠던 일들을 뒤로하고, 이제 파라과이에서의 주된 역할인 현지의 생활로 들어간다.

당당한 자신감과 잡초 같은 적응력을 이제부터 그들에게 보여 주어야 할 때가 온 것이다.

현지어 교사와 함께

자연과 풍습

파란 하늘, 솜같이 하얀 구름, 눈부신 태양. 그리고 저녁에는 어김없이 저녁놀이 환하게 물들이고 있다. 나중에 파라과이에서 본 아침놀과 저녁놀의 아름다움은 못 잊을 것 같다.

한글을 허공에 크게 써보는 한국어 시간

치빠와 코카콜라

파라과이에 온 지 17일째, 3월 21일

  이곳 사람들이 즐겨 먹는 것 중에 '치빠(Chipá)'라는 빵이 있다. 옥수수 가루와 만디오까, 그리고 치즈 가루, 우유 등으로 만든 것인데 바짝 구워서 아주 건조하게 보이지만 가운데 부분은 부드러운 맛이 나고 치즈가 들어가서 고소하고 담백한 맛이 난다. 먹다 남은 빵을 몇 시간 후에 보았더니 빵 봉지가 온통 기름 범벅이다. 아마 치즈에서 나온 기름일 게다. 이런 빵을 먹고 나면 음료수 생각이 나는데 우리처럼 생수를 마시지 않고 콜라를 마시는 것을 당연하게 생각한다. 식당에 따라서는 뷔페식 음식으로 자신이 먹고 싶은 것을 접시에 담아 카운터로 가져오면 저울에 달아 값을 알려 준다. 이때 콜라와 함께 계산한다.
  이곳에서 코카콜라는 콜라의 대명사처럼 불린다. 물론 내가 사는 작은 도시에서는 값이 싼 다른 콜라도 마시긴 하지만… 얼마 전 지방에 있는 선배 단원 방문 때 버스 길 우측에 커다란 코카콜라 공장을 본 적이 있었다. 역시 좌우로 노란색의 콜라 상자가 끝없이 늘어 있는 것을 보고 놀랐다. 이 엄청난 양의 콜라를 매일 마셔대는 이곳 사람들이 뚱뚱한 이유를 알 것 같았다.

파라과이에 온 지 한 달이 안되어, 현지어를 공부하던 어느 날, 점심 때 음료수로 콜라를 주문했는데 이곳에는 '풀프(pulp)'라는 체인점이라서 콜라는 없다는 것이다. 그래서 이곳에서 나는 향료를 넣은 '과라나(Guarana)'를 주문해서 마셨다.

옛날 어린 시절 여름철 학교 앞에 냉차 장수가 있었다. 땀 흘리며 더운 줄도 모르고 뛰어놀다가 교문을 나설 때면 어김없이 유혹하는 시원한 냉차. 얼음이 든 통을 손으로 문지르며 시원함을 느껴 볼 즈음, 큰 호령과 함께 내쫓는 주인아저씨를 피해 달아나던 일. 어쩌다 돈이 생기면 의기양양하게 냉차 한잔을 사서 단숨에 들이키며 갈증을 달래던 일. 그때 목을 넘어가는 시원한 냉차 맛을 그 무엇에 비하리. 큰 물통에 얼음 덩어리를 넣고 여러 가지 색소와 사카린을 넣어 만든 불량식품이지만 그때 아이들은 그 시원한 맛을 잊지 못할 것이다. '과라나'가 바로 그 맛이었다. 그때의 불량식품은 아니지만… 오랜만에 독특한 맛을, 그것도 지구 반대편 남미에서 느껴 보았다.

'아사도'를 아십니까?

파라과이에 온 지 21일째, 3월 25일

오전에 현지어 중간평가를 끝내고 파라과이 민속무용을 배웠다.
우리 민요와는 달리 경쾌한 곡으로 흡사 '폴카'와 비슷한 느낌이었다. 파라과이 전통 의상으로 폭이 넓은 치마를 입고 남녀가 같이 추는 모습을 재현하는 지도 강사의 모습을 보니 파라과이 사람들의 밝고 사교적인 모습을 엿볼 수 있었다.

저녁에는 KOICA 사무소장께서 파라과이 대표 음식인 '아사도(Asado)'를 시식할 기회를 주셨다. 이곳 식당에서는 따끈따끈한 아사도를 꼬챙이에 꿰어 직접 가져와서 손님들이 요구한 만큼 썰어 주는 독특한 서빙 방식이었다. '아사도'는 소고기와 부속고기, 닭고기 등을 바비큐 형식으로 꼬챙이에 꿰어 서서히 오래 구운 고기를 말하는데, 가정에서는 숯불에 약 2시간가량 불에 구워 익히기 때문에 기름이 빠져 담백하고 고기가 아주 연하다. 종업원이 고기를 들고 와서 이름을 대는데 무슨 말인지 알 수 없지만, 다양한 소고기 부위를 말하는 것 같았다. 차례차례 열댓 가지 고기를 차례로 들고 와서 먹겠느냐고 물어보고 썰어 주는데 나는 닭고기는 거의 안 먹고 소고기를 먹었는데 열 가지 이상을 먹은 것 같았다.

　현지 사람들은 외식으로 저녁식사를 하면 보통 2시간 정도 한다고 한다. 또 천천히 대화를 나누면서 먹으면 얼마든지 먹는다고 한다. 우리는 뭐든지 빨리 빨리 해서 금방 먹고 일어나는 습관이 있는데 그렇게 하면 고기도 많이 먹지 못한다고 한다. 그래서 이곳 식당에서는 한국 사람들을 좋아한다고 한다. 비용은 일인당 15,000원 정도(6만 과라니)라는데 음료수나 커피는 별도로 지불해야 한다고 한다. 우리 테이블에서는 아이스크림을 시켰는데 세 가지 맛을 담아 주었다. 우리 돈으로 4천 원 정도였는데 맛은 그다지 좋지 않았다. 나는 술이 없으면 고기를 썩 좋아하진 않지만, 오랜만에 그것도 색다른 고기를 깔끔한 식당에서 마음껏 먹을 수 있어서 만족했다. 파라과이에 있는 동안 이 식당을 1년이 지난 후 한 번 더 찾을 수 있었다.

　우리 단원들은 1년이 지나면 사무소에서 각지에 흩어져 있는 단원들을 아순시온으로 모이게 하여 식사를 하고 그동안의 활동과 앞으로 계획 등을 발표하고 근무지에서 생활하면서 어려운 점, 불편한 사항 등을 얘기하는 시간을 가진 뒤 우리가 파라과이에 와서 처음 묵은 호텔에서 자고 갈 수 있게 배려해 주는데 우리들이 이곳 식당에서 먹은 아사도를 잊지 못해 한 번 더 가게 해 달라고 부탁해서 이 식당에 한 번 더 올 수 있었다. 식당은 대형 쇼핑몰 근처로 서울의 강남 정도라는데 그래서 그런지 식사를 하고 있는 손님들이 여유가 있어 보였다.

날씨 이야기

파라과이에 온 지 6개월, 9월 20일

이곳 봄은 9월 21일부터 시작된다.

내일이면 봄이 시작되는 날인데도 한낮에는 40도 가까이 올라간다. 이번 주 주간 일기예보를 보면 일교차가 장난이 아니다. 9월 17일(월)부터 9월 21일(금)까지 일기예보를 보면 17일과 18일의 최고기온은 40도 가까이 오르고, 20일 새벽에는 10도까지 떨어진다. 특히 밤에는 창문을 열어 놓고 천장 선풍기를 돌려도 땀이 나서 잠을 들 수가 없다. 한밤에 보통 세 번을 깨야 했다. 그러더니 어제 저녁(9월 18일) 때부터 바람이 불고 기온이 떨어지더니 밤에는 천둥 치고 소나기가 산발적으로 내렸다. 연이은 천둥과 번개로 하늘 끝자락이 불을 켜놓은 것처럼 환하다.

이렇게 세차게 비가 오는 날이면 세 가지가 병행이 된다.

- 전기가 끊어진다.
- 인터넷이 끊긴다.
- 수돗물이 안 나온다.

일주일 날씨. 기온차가 30도 가까이 된다.

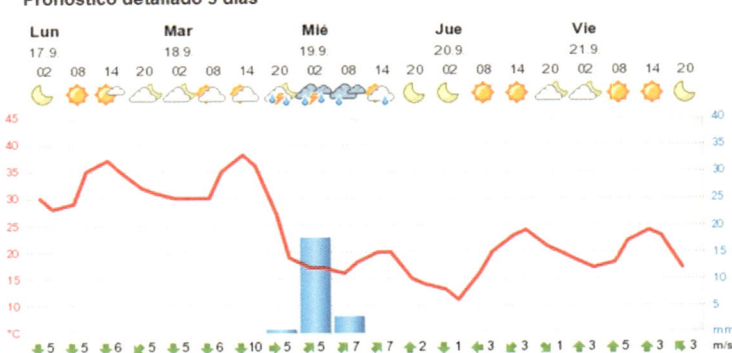

그렇게 비가 오면서 정전이 되고 인터넷이 안 되고 수도가 끊겼지만 다행히 아침이 되니 모두 정상으로 돌아왔다. 그러나 추웠다. 아침에 현관을 열어 보니 찬바람으로 서늘한 느낌이었다.

오늘 밤은 5도 가까이 내려간다고 한다. 엄청 추워질 것 같다.

그러나 오후, 학교에서 돌아오는 길에서 본 하늘은 그야말로 맑고 투명하다. 파란 하늘, 솜같이 하얀 구름, 눈부신 태양. 그리고 저녁에는 어김없이 저녁놀이 환하게 물들고 있다. 나중에 파라과이에서 본 아침놀과 저녁놀의 아름다움은 못 잊을 것 같다.

아름다운 자연은 계절에 관계없이 우리에게 다가온다. 그러나 심술궂은 비바람도 함께 오기 때문에 기온변화에 따른 체온 관리가 무엇보다 중요할 것 같다.

'떼레레' 마시는 사람들

파라과이에 온 지 3개월, 6월 9일

오늘 아순시온 아침은 1도, 낮 최고기온은 11도라고 한다. 보통 집 안 기온은 이보다 오륙 도 정도는 낮은 것 같다. 하늘을 보면 끝없이 투명한 파란색으로 낮 동안은 햇살이 너무 따뜻하다. 햇살이 오염물질에 방해 받지 않고 내려와 그 온기가 살아 있는 것 같다.

오늘 아침에도 여러 옷들로 중무장을 하고 출근을 한다. 9시 30분 경, 간식 시간에는 교사들이 따뜻한 양지 쪽에 모여 집에서 가져온 간단한 간식을 먹거나 떼레레를 마시며 담소를 한다. 여름에는 찬 얼음물을 부어서 마시는 '떼레레', 요즘처럼 추운 날이면 보온병에 뜨거운 물을 부어 마시는 '마떼'를 돌아가면서 잔에 부어 권한다.

빨대 하나로 많은 사람들이 돌려가며 마신다. 마실 때에는 침이 빨대에 묻지 않도록 입술로 물어 빨아들인다. 갖은 약초나 풀을 말려서 잘게 빻아 부어 컵 속에 넣고 물을 부어 빨대로 눌러 물만 빨아들인다. 빨대는 약수저 크기로 둥근 부분에 작은 구멍이 뚫려 있어 물만 빨려 올라온다. 어떤 것은 풀 냄새가 나고, 박하 향이 나고, 어떤 것은 단맛이 나고, 그야말로 갖가지 풀을 말려서 우려 낸 물을 마신다.

추운 겨울을 따뜻한 마테차와 함께 보낸다.

　　이렇게 추운 날에는 남자나 여자 모두 모자를 쓰고 다닌다. 프레디는 오늘 가죽 잠바를 입고 와서 자랑을 한다. 여교사가 내가 입고 온 등산복 웃옷을 만지면서 멋있다고 한다. 나는 프레디와 함께 한 바퀴를 돌면서 패션쇼를 했더니 모두들 우습단다.
　　인종과 환경은 서로 달라도 사람들 사이에 오고가는 감정은 동서양을 막론하고 비슷한 것 같았다.
　　나는 이들의 문화를 점차 이해해 가고, 그들과 동화되어 가고 있음을 느꼈다.

맛있는 간식 또르티야와 꼬시도

파라과이에 온 지 3개월, 6월 22일

날씨가 음산해서 겨울용 파카를 입고 학교에 갔는데 여교사들이 모여서 여자용이냐고 물었다. 그도 그럴 것이 보라색은 여자들이 많이 입는 색이고, 이곳 초등학교 교복 색깔이 보라색이기 때문에 그렇게 오해할 수도 있겠다 싶었다. 가볍고 따뜻하다고 하면서 한번 입어 보라고 벗어 줬더니 망설임도 없이 받아 입어 보고 멋있다고 한다.

여교사들이 간식 시간에 모여 앉아 옷, 신발, 장신구 등의 이야기를 자주 한다. 대부분의 파라과이 여자들은 몸치장에 관심이 많다. 상대방의 귀걸이, 반지 등을 가져다가 자신이 해보기도 하고 양말을 신고 다니지 않기 때문에 발톱에 색칠이나 그림 그리는 것에도 흥미가 있는 것을 보고 혼자 웃었다. 역시 나라와 환경이 달라도 여자들의 관심은 어느 나라나 비슷한 것 같았다.

9시쯤, 5학년 담임이 교실 앞에서 숯불을 피워 무언가 끓이고 있었다. 다가가 보니 마치 빈대떡 부치는 것처럼 밀가루 반죽을 해바라기씨 기름에 튀기고 있었다. 마치 '엠빠나다' 같이 생겨서 물어보니 '또르티야(Tortilla)'라고 한다. 파라과이 대표 간식은 '치빠'와 '엠빠나다'로 둘다 기름에 튀긴 음식인데 먹을 만하다. 이 교사는 동료들에게 주기 위해 만드는 것인지는 모르지만 무척 열심이다. 음식 재료가 무엇이냐고 물으니 밀가루, 치즈, 우유, 계란 그리고 야채가 들어갔다고 한다.

우유를 한잔 마시겠느냐고 해서 좋다고 하니 한 잔 주는데 무척 달았다. '꼬시도(Cocido)'라고 했다. 우유에다 '제르바(yerba, 마테 차에 들어가는 재료)'와 설탕을 넣어 데운 것이라고 한다.

'또르티야'는 마치 우리의 튀김요리처럼 맛있어 보였다. 하나를 먹어 보았더니 실제로 맛이 있었다. 속으로 '이 튀김 속에 해물이나 신선한 야채가 들어갔으면 더욱 좋을 텐데' 하고 생각했다. 그러나 이곳 사람들은 바다에서 나는 해물은 싫어한다. 먹어보지 못하고 또 귀하기도 하기 때문이리라.

오래 전, 학교에서 비오는 날 방과 후에 동료 교사들과 한자리에 모여 빈대떡을 부쳐 먹던 일이 생각이 난다. 지금 이 교사는 동료교사들을 위해 만들고 있는지는 모르지만 그들이 맛있게 먹는 모습을 상상하면서 만들고 있을 것이다. 마치 우리가 전에 그랬던 것처럼. 지금은 그 시절로 돌아갈 수 없지만 낯선 이곳, 정이 많은 사람들과 함께할 수 있어 또 다른 추억을 만들고 있다고 생각한다.

축구 사랑 나라 사랑

파라과이에 온 지 4개월, 7월 10일

간식 시간이 끝나고 프레디가 저학년들의 축구 연습이 있다고 한다. 모레 방학 전날에 지역 학교 대항 축구시합이 동네 축구장에서 있을 거라고 했는데, 결과적으로 그날은 비가 많이 와서 축구도 못 하고 아이들도 등교도 하지 않아 자동적으로 2주간의 겨울방학에 들어갔다. 아마 지금 축구는 그날 있을 축구시합에 대비하는 연습경기인가 보다. 우리같이 운동장의 넓은 장소는 고학년 아이들이 차지하고, 저학년들은 교실 옆 작은 공터에서 축구를 하는데 모두들 사뭇 진지하다.

어제 오후에는 프레디가 내게 아순시온에 가면 안 된다고 했다.

왜냐하면 파라과이 프로 축구 1, 2위 팀인 '올림피아' 팀과 '쎄로' 팀의 축구 경기가 있어 관중들의 흥분으로 다칠 염려가 있으니 나가면 안 된다는 것이다.

파라과이 사람들은 어릴 때부터 자연스럽게 축구를 하면서 성장한다. 비록 축구공은 터진 공이라 하더라도 볼 차는 자체에 큰 의미가 있다. 실제로 이곳 아이들의 공 다루는 솜씨는 보통이 아니다.

3학년 아이들이지만 넘어지고 자빠져도 공을 빼앗기지 않으려고

프레디가 바람 빠진
공을 들고 있다.

애를 쓴다. 그런데 아뿔싸, 한 아이가 넘어지면서 맨발로 공을 빼앗았는데 공의 바람이 다 빠져 버렸다. 바람이 빠져 더 진행할 수 없게 되자 프레디가 중지를 선언하고 공에 바람을 넣었다. 어떻게? 입으로 불어서. 다시 경기가 진행되었다. 밀치고, 넘어지고 그러나 울지 않는다. 한쪽에서 여자 어린이들의 응원하는 소리가 요란하다. 이렇게 자라서 '2002 월드컵 파라과이 응원녀'가 되었나 보다.

　건강하게 자라고 있는 어린이 모습에서 파라과이의 미래를 그려 보았다. 넘어지고, 자빠져도 울지 않고 툭툭 털고 일어나 다시 달리는 아이들처럼 국가도 많은 시련 속에서도 좌절하지 않고 일어나 국민 모두를 위해 노력하는 파라과이가 될 수 있을 거라고.

버스 이야기

파라과이에 온 지 6개월, 9월 11일

파라과이에서 공해의 주범을 꼽는다면 공장에서 내뿜는 검은 연기가 아니라 대중교통 기관인 버스와 택시 그리고 오토바이이다. 그 중에서 버스는 낡을 대로 낡은 채 운행하기 일쑤라 공해의 주범이라 할 수 있다. 물론 먼 거리를 다니는 버스는 비싸기는 해도 이층버스나 신형 버스도 있지만, 시골을 다니는 버스는 폐차 직전의 버스처럼 매연과 소음이 장난이 아니다.

그런데 이곳 사람들은 이 고물 버스에 대한 고마움을 너무 잘 알기 때문에 웬만한 불편쯤은 아무런 불평하지 않고 감내하고 다닌다. 그 동안 버스를 타고 가다가 고장이 나 허허벌판에서 다음 차를 기다린 적이 서너 번 있었다.

버스 기사가 "차가 고장 났으니 모두 내리라"고 하면, 승객들은 말없이 내려 뙤약볕 아래서 묵묵히 다음 버스를 기다린다. 물론 집에 전화를 해서 오토바이로 데리러 오는 사람도 있지만 갓난아이를 안은 아주머니, 할아버지, 물건을 잔뜩 든 아저씨도 그저 다음 버스만을 기다린다. 누구 하나 불평하는 사람을 보지 못했다. 버스 기사 역시 주민에 대한 애정이 각별하다. 아무 곳에서나 손만 들면 버스는 정지한다. 또, 저 멀리서 손을 들며 달려오는 사람이 있으면 늦더라도 그 사람을 태우고 간다. 이곳 사람들은 고도 비만인 사람들이 많은데, 그런 사람이 뛰지 못하고 허우적대고 오면 나도 짜증이 난다. 빨리 가야 하는데 버스 기사는 느긋하다. 얼마가 걸리든 그 사람이 탈 때까지 기다린다.

시골 버스에는 사람이 많이 타는 시간대에 임시로 고용한 조수가 함께 타기도 하는데 사람들이 앞문으로 많이 몰리면 뒷문으로 유도한 뒤 차비를 받아 운전사에게 건네주고 뒷문 승하차 완료를 기사에게 휘파람으로 알려 준다. 과거 우리의 버스 안내양이 뒷문을 '탕탕!' 치듯이 그러면 버스는 출발한다.

시골 버스를 타는 사람들은 짐들이 많다. 슈퍼에서 빵이나 쇠고기를 잔뜩 사가는 사람, 시골에서 고기를 도시로 가져가는 사람, 만디오까 등을 내다 파는 사람 등. 시골 버스 조수는 이 짐을 버스 뒤 화물칸에 옮겨 실어 주고 버스 안에 있는 짐들은 잘 정리해서 사람들의 불편을 최소화해주고 있다. 사람이 적으면 이 조수는 기사 우측에 앉아 운전기사와 떼레레를 나누어 마시며 간다.

엊그제 9월 7일, KOICA 현지평가회의를 아순시온에서 마치고 집으로 돌아올 때였다. 집 앞 정류장에서 내리려고 앞문으로 나오는데 버스 기사의 핸드폰이 울린다. 그런데 귀에 익은 음악이 들리는 것이 아닌가. 무심코 소리가 나는 쪽으로 돌아보았다. 핸드폰은 운전기사의 우측 동전 담는 통에 있었는데 핸드폰에 뜨는 한글로 된 노래 제목을 보고 깜짝 놀랐다.

〈강남스타일〉

지구 반대쪽에 있는 나라. 그 나라 지방도로를 달리는 고물 버스의 멋진 기사 핸드폰에서 우리 가수가 우리말로 부르는 노래 소리가 지금 들려오는 것이다.

집으로 걸어가면서 좋은 음악을 불러 전 세계에 퍼뜨려 준 가수에게 고마운 마음과 음악을 좋아하고 유행을 아는 시골 버스 기사의 멋스러움에 감탄하면서 이런 것들 때문에 이곳 파라과이에 더욱 애정이 끌리는 것 같다.

'아름다워, 사랑스러워. 오빤 강남스타일!'

시골 버스 기사에게까지 전해진 우리 노래

유치원 때부터 자연스럽게 접하는 민속 춤

망고나무 이야기

파라과이에 온 지 9개월, 12월 27일

파라과이에는 망고나무가 두 종류가 있다. '파라과이 망고'는 나무가 크고 잎이 무성해서 마치 우리의 느티나무나 팽나무처럼 주민들에게 그늘을 만들어 주기 때문에 집집마다 심어져 있다.

그러나 열매로서 망고는 크기가 작고 섬유질이 많아 열매를 먹을 때 실 같은 것이 이빨 사이에 끼어서 먹기가 아주 고약하다. 또 많이 열리기 때문에 떨어지는 열매를 처리하기가 쉽지 않다는 것이다. 그래서 부유한 집에서는 조경수로 과일나무를 택하지 않는지도 모른다. 지저분하니까.

그에 비해 '브라질 망고'는 파라과이 망고와 비슷하지만 열매는 파라과이 망고보다 훨씬 크고, 먹는 데 불편함이 없고 매우 달다. 파라과이 망고가 노란 색이라면, 브라질 망고는 녹색에서 노란색으로 바뀌다가 햇볕을 받으면 자주색으로 변한다.

브라질 망고는 보통 5~30미터까지 크는 나무에서 열리는 열대과일로 가장 흔하며 남녀노소 누구에게나 인기가 많은 과일이기도 하다.

망고는 핵과류에 속하고 수분을 많이 함유하고 있으며, 비타민 A,

브라질 망고

B, C 등 비타민이 풍부해서 눈 건강에 좋고 항산화 성분인 카로티노이드, 베타카로틴, 알파 카로틴, 제아잔틴 등이 풍부하다고 한다. 원산지는 4천 년 전부터 재배해 온 히말라야 지방이었는데 지금은 열대지방에 고루 분포되어 가장 흔한 과일 중의 하나로 꼽히고 있다.

요즘은 외출하고 들어오면서 나무에서 떨어진 망고 열매를 주워 오는 일이 일상이 되었다. 하루에 한두 개씩 가져다가 껍질을 벗겨 속이 노란 부분을 먹으면 그 맛은… 파라과이 사람들이 단것을 많이 먹는 이유가 이렇게 과일들이 다니까 더 단맛을 찾다가 지금의 단맛에 중독된 것이 아닐까?

어제 먹다 남은 한 개와 오늘 아침에 주워 온 두개의 망고 모양이 다르다. 얼핏 보면 우리의 사과와 비슷한 색깔이지만 전혀 다르다. 푸른색을 띤 열매가 '파라과이 망고' 붉은 빛이 나는 것이 '브라질 망고'다. 긴 줄에 매달린 것처럼 보이는 열매는 햇빛을 받으면 붉게 변한다. 망고를 가로, 세로로 깊숙이 잘라서 껍질을 벗기면 노란 속살이 나온다.

매우 달다.

교사 파티마 집 방문

파라과이에 온 지 1년 1개월, 1월 24일

3학년 담임교사인 파티마의 집을 방문했다. 방학 전에 학교에서 우유 짜는 이야기가 나와서 나도 한번 체험해 보고 싶다고 이야기했더니 파티마가 언제든지 자기 집에 오라는 것이다. 한번 가 봐야겠다고 생각했으나 너무 더워 차일피일 미루다 오늘은 날씨가 흐려서 저녁 때 쯤 산책도 할 겸 그의 집을 방문하기로 했다. 그의 집은 동네에서 좀 떨어진 외곽 지역에 있는데 전에 프레디와 함께 와 본 집이었다.

제일 먼저 그의 딸이 나를 반겨 준다. 4학년인데 내성적인 아이로 별로 말이 없고 잘 웃는다. 한번은 머리를 뒤로 넘겨 묶고 무용하는 모습이 너무 예뻐서 이마가 예쁘다고 했더니 집에 가서 "프랑코가 자기 이마가 넓다고 해서 속상했다"고 파티마가 전해 준 말이 기억이 난다. 올해는 4학년 오후반이 되어서 자주 보지는 못했지만 귀여운 아이이다.

그의 남편은 원주민 피부이지만 꽤 이지적으로 생겼다. 그는 멀리 떨어진 차코(Chaco) 지역에 있는 초등학교에 근무하기 때문에 주말이나 방학 때 집에 온다고 하는데 차코 지역은 파라과이에서도 낙후된 지역으로 여기보다 무척 덥다고 한다. 도로도 포장이 안 되어 있고 시설도 열악하고 상수도 시설이 제대로 되어 있지 않은 버려진 지역 같은 곳이라고 한다.

그곳에서 우리 산골 마을의 복식학급처럼 전교가 두 학급으로 저학년 한 반, 중학년 한 반을 두 명의 교사가 지도하고 있다고 한다. 나는 우리나라 교사 전보와 승진제도, 그리고 가산점 제도에 대해 이야기해 주면서 파라과이에도 그런 제도를 도입하면 좋겠다고 하니 본인은 경력이 20년이나 되었는데 아순시온에서 그 지역으로 올 교사가 없어 지금까지 그곳에서 근무한다는 것이다.

소들을 구경시켜 주겠다고 나를 데리고 소 우리로 간다. 소가 약 40마리 정도 있는데 한 마리에 우리 돈 5십만 원 정도라고 한다. 등에 혹이 난 소는 다른 소보다 등치가 컸다.

소젖을 짜는 모습을 보니 정말 원시적이다. 먼저 어미 소가 뒷발로 차는 것을 막기 위해서 뒷발을 밧줄로 묶는다. 그리고 태어난 지 3개월 되는 송아지를 풀어 어미 소의 젖을 빨게 한다. 풀어 주자마자 송아지는 제 어미에게 달려들어 젖을 정신없이 빤다. 그런 송아지에게 어미 소의 젖을 골고루 빨도록 다른 꼭지를 물려 준다. 그리고는 한쪽 젖만을 손으로 짜서 통에 받는다. 나도 그를 따라 젖을 짜 보았다. 처음에는 나오지 않던 우유가 요령을 익히고 나니 금방 한 통이 받아진다. 새끼를 난 3마리의 젖소에서 약 7리터 정도 짠다고 한다. 사료도 별도로 주지 않고 오직 풀만 뜯기 때문에 젖도 적게 나오는 것 같았다. 물론 얼마 안되는 양이지만 원래 그것은 송아지 몫 아닌가. 인간이 자기들의 이익을 위해 송아지 먹이까지 빼앗는 것 같아 안타까웠다. 그리고 보니 송아지들이 많이 여윈 것 같았다.

그의 집안일을 거들고 있는 어린 목동은 차코(Chaco) 지역에서 공부하는 학생인데 방학 중이라 데려왔다고 한다. 지금은 2학년, 이제 3학년이 된다고 한다. 어린 목동은 말 타기, 소몰이는 어른 못지않게 잘하며 매우 영리하다고 한다. 왠지 그 아이가 불쌍하고 애착이 간다. 농담으로 한국에 나랑 같이 가자고 하니 싫다고 한다. 집 앞 나무 그늘에 앉아서 떼레레와 파티마가 만든 '소파 파라과야(Sopa Paraguaya)'를 먹으며 이야기를 했다.

　이곳 사람들은 내가 입은 옷에 관심이 많고 갖고 싶어 하는 사람들이 많아, 한국에서 가져온 옷과 이곳에서 산 겨울옷을 남편에게 선물했다. 아이들에게는 여행에서 사온 초콜릿과 껌을 주었더니 너무 좋아한다.

　오늘의 이야기도 오랫동안 기억될 것 같다.

젖을 짜고 있지만 바짝 마른 새끼 소에게 미안했다.

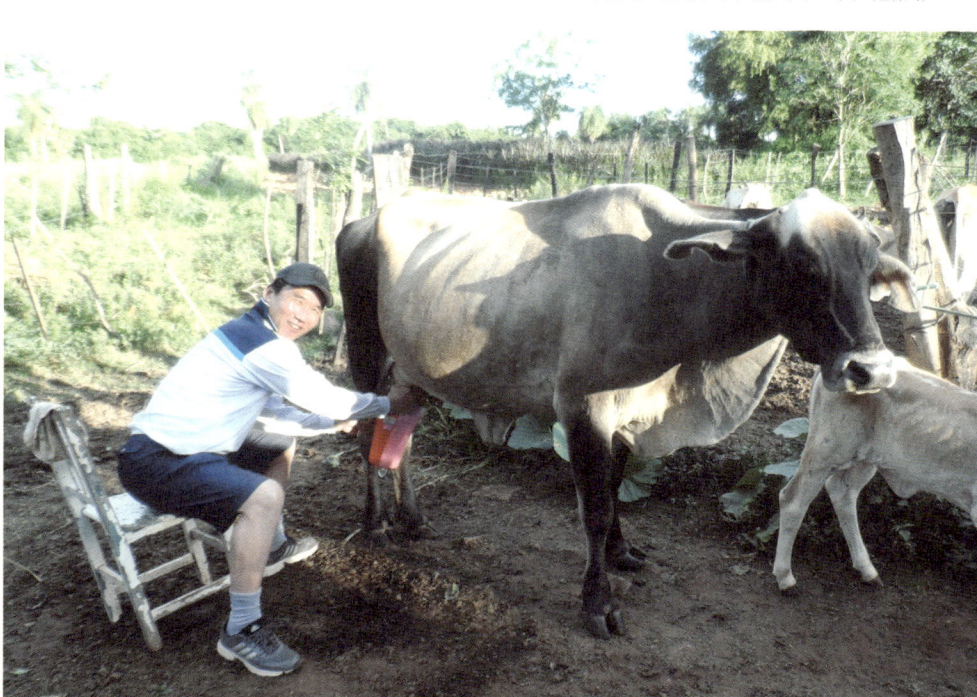

파라과이 아이들과 함께

이렇게 피부색이 다른 아이들이 함께 공부하고, 자신들의 나라 파라과이를 사랑하면서 자라고 있는 아이들에게 내가 해 줄 수 있는 것은 무엇일까를 생각해 보았다.

한글이 쓰인 티셔츠를 입은 어린이들

비오는 날은 임시휴업일

파라과이에 온 지 3개월, 5월 24일

새벽부터 비가 내렸다.

가을 막바지(우리의 11월)에 내리는 비답지 않게 엄청 쏟아진다.

걸어서 학교까지 10~15분 정도의 거리지만 옷이 많이 젖을 것 같아 KOICA에서 제공한 트레이닝복을 입고 학교에 갔다. 학교는 조용하고 아이들은 보이지 않는데 교사들만 여기저기서 인사를 한다.

"왜 아이들이 없느냐?"고 묻자, "비가 오는 날은 아이들은 오지 않는다"고 한다. 비가 오면 멀리에서 오는 아이들도 있는데 진흙탕 길로 안전사고에 위험이 있고, 비에 젖어 감기에 걸릴 염려가 있어 학교에 오지 않는다고 했다. 이는 고등학교까지도 마찬가지라고 한다.

수업이 없어 한가한 이들과 나눈 이야기 중 몇 개를 소개해 본다.

❖ 독거미

빈 교실에서 얘기하다가 로시가 남교사에게 뭐라고 하면서 내 이름을 들먹인다. 그러자 그 교사가 문 쪽으로 가서 뭔가를 찾는다. 궁금해서 다가가니 내 엄지손가락 두개 겹쳐놓은 듯한 크기의 시커먼 거미가 기어간다. 그 교사는 발길질로 거미를 멀리 차 버린다. 가만히 생각해 보니 로시는 내가 보고 놀랄까 봐 그에게 거미를 멀리 치우라고 한 것 같았다. 남자 교사는 나에게 "저 거미에게 물리면 무척 아프다"고 한다. 잠시, 남미의 중심에 와 있다는 것을 잊고 있었다.

❖ 과일 이야기

프레디가 자기 집에서 따왔다고 하면서 바나나를 8송이 준다.

자기 집에는 과일나무가 많이 있다고 자랑한다.

내가 고맙다고 하면서 한국에는 귤에 씨가 들어 있지 않아 먹기 좋은데 여기는 귤에 씨가 있어 먹기 불편하다고 하자, 여기는 귤, 오렌지, 망고, 포멜로, 바나나 등 많은 과일이 자연산이라 그렇다고 한다. 한국에서는 과일나무의 수종을 개발해서 좋은 과일을 얻을 수 있는데 여기도 그렇게 하니까 과일나무가 웃자라고 빨리 죽는다고 한다.

그래서 자연산 그대로 이용하고 있다고 한다.

이 자연산 과일은 향기가 좋고 과일즙이 풍부하고 따라서 비타민이 많다고 한다. 정말이다. 귤 하나를 까는데 귤 즙이 엄청 많이 나온다. 손에 다 젖을 정도이다. 그리고 향기도 진하게 난다. 이곳 과일이 그들 말 그대로 자연산이라 그런가 보다.

❖ 나무 위 닭장

이곳은 소도 많이 있지만 집집마다 토종닭들을 많이 키운다.

우리가 생각하기에는 지저분할 것 같지만 생각보다 지저분하지 않다. 소의 분뇨도 생각보다 많지 않다. 왜일까? 땅이 넓고 건조한 기후 때문인 것 같다.

여기저기 돌아다니던 닭들이 어두워지자 하나둘 나무 위로 올라간다. 물어보니 나무 위에서 새들처럼 잠을 잔다는 것이다. 이 닭들은 우리나라 토종닭같이 살이 적고 다리가 긴 편으로 양계장에 있는 닭과는 차이가 있지만 집이 없다는 것이 너무 신기했다.

❖ 원주민

내가 파라과이에서 지내는 동안 늘 이곳에 살았던 원주민들을 생각했다. 몇 백 년, 아니 그 이전부터 살아온 이 땅의 진정한 주인. 지금은 모든 것을 다 빼앗기고 가장 빈곤하게 살아가는 계층이다.

옆에 있는 교사에게 이곳 원주민(indigena)은 얼마나 되느냐고 물었다. 파라과이에는 약 17종의 원주민이 있다고 한다. 그들은 4개의 언어를 쓰고 있다고 하는데 과라니 족[1]들도 그들 중의 하나이고 그들이 스페인어보다 더 사랑하고 있는 '과라니 어'도 4개의 언어 중의 하나라고 한다. 이 사람들은 지방으로 갈수록 과라니 어를 무척 많이 사용한다. 그러면서 그는 나에게 간단한 과라니 어를 가르쳐 준다.

아마 그들이 생각하는 진정한 언어는 스페인어가 아닌 과라니 어라고 생각하는 것은 아닐까?

---

[1] 과라니 족(네이버 위키백과 사전 참조)
    과라니족(스페인어: Guaraníes)은 브라질, 볼리비아, 파라과이, 아르헨티나에 걸쳐 살았으나 지금은 대부분 사멸하여 약 257,400명가량이 생존해 있는 것으로 추정된다. 파라과이에서 과라니 족과 백인과의 혼혈인 메스티소(mestizo)가 출현하였고 그들의 언어인 과라니어는 파라과이의 공용어 중 하나가 되어 있다.

2학년 여자 어린이들의 축구경기 응원단

파라과이 초등학교 교과서

파라과이에 온 지 3개월, 6월 19일

3학년 프레디 교실에 들어가 수업을 참관했다.

전날 미리 수업 내용을 칠판에 가득 써 놓으면 다음 날, 아이들이 보고 쓰고 답을 나름대로 써 오면 교사는 한 명, 한 명 지도해 준다. 하루 수업은 국어 두 시간, 수학, 사회, 그리고 과학 이렇게 하루에 5교시를 한다고 한다. 의사소통(comunicacion) 시간에는 격주로 과라니 어를 수업한다고 한다. 수업은 40분씩 3시간을 쉬는 시간 없이 계속한다.

그리고 20분간 간식 시간이 있어 아이들은 집에서 가져온 간식을 먹거나, 매점을 이용하기도 한다. 그 후 아이들끼리 놀다가 반별로 양치를 한 후 다시 40분씩 2시간 연속 수업을 한다.

5학년 담임교사 때치(Techy)는 행사 때마다 무대 휘장을 담당했던 목소리가 걸걸하신 분으로, 내가 거처하는 집 안주인의 친언니이며, 내가 민박을 했던 주인과는 사촌지간이라고 한다. 그러나, 1년 후 몸이 아파 병가를 낸 후 겨우 학교에 출근하는 것을 보고 나는 귀국했다.

5학년은 다른 학년과 달리 교실에 교과서가 구비되어 있다. 물론 아이들 수만큼, 그러나 교과대로 다 있는지는 알 수 없다.

5학년 과학, 수학 교과서

담임교사 목소리가 크고 엄해서인지 아이들이 죽은 듯이 조용히 수업을 듣고 있다.

6학년 수업은 4인 1조의 프로젝트 학습을 주로 하고 있다. 우리나라도 그렇지만 5, 6학년은 토론학습, 프로젝트 학습을 많이 하고 있다. 그리고 칠판을 5등분으로 나누어 교과별로 교사가 교과 내용을 베껴서 써 놓으면 아이들이 따라 공책에 쓴다. 왜냐하면 교과서가 부족하기 때문에 교사용(교사용도 교과서를 복사한 것) 한 권으로 교사가 보고 전달한다.

얼마나 많은 시간 낭비인가?

교과서만 있다면 이런 수고를 덜고 그 시간에 더 많은 수업을 할 수 있을 텐데…

오늘은 공부할 내용을 6매 복사해서 각자 나누어 읽으면서 공부하고 있다. 학교에 복사기도 없어 아이들이 돈 내고 복사해 오거나, 교사가 복사해 와서 쓴다고 한다.

예전에 내가 아는 동료 교사와 비슷한 수업 지도 방법을 보고 속으로 웃으며 교과서를 들추어 보았다. 종이의 질은 생각보다 우수한 편이고, 사진 자료는 컬러와 흑백으로 들어가 있었다.

값비싼 교과서를 만들어 부족한 양을 학교에 보급하는 것보다, 질은 떨어지더라도 학생 수만큼 만들어 충분히 제공하는 것이 교육적으로 효과가 있지 않을까 생각해 본다.

축제 준비 이야기

파라과이에 온 지 4개월, 6월 29일

오전부터 학교가 분주하다.

저녁에 있을 축제 '산 후안(San Juan)' 준비 때문에 아이들과 교사, 학부모들이 분주하게 움직이고 있다. '산 후안'은 학부모들이 중심이 되어 정부로부터 학교 운영비를 지원받지 못하는 학교에서 학부모나 지역주민들로부터 학교운영기금을 마련하기 위한 방법의 하나이다.

교장에게 이런 행사를 하면 어느 정도 수익이 나오느냐고 물었더니 5백만 과라니(120만 원) 정도 예상한다고 한다. 그렇게 마련된 돈으로 교실 형광등 교체, 비 새는 천장 수리, 하수도 배관 교체 등을 한다고 한다.

이런 행사는 학부모의 적극적인 협조 없이는 성공하기 어렵다. 다행히 이곳 학부모들은 어려운 생활 속에서도 협조가 잘 된다. 집에서 아이들 편에 만디오까, 식용유, 계란, 양파, 피망 등을 봉지에 담아 학교로 가져온다. 이를 이용해서 먹거리를 장만하고 저녁에 이 먹거리를 구경 오는 사람에게 팔아서 남은 수익금을 학교 운영비로 쓴다는 것이다.

교장이 나를 부르더니 교문 밖에 세워놓았던 허수아비를 같이 옮기자고 한다. 어디서 가져왔는지 우스꽝스러운 모습을 한 허수아비가 교문 밖에 와 있었다. 솜을 많이 넣어 뚱뚱한 허수아비를 혼자 들기는 힘들었던 모양이다. 저녁에 쓸 소품이라고 한다.

5학년 교실 앞에서 학부모가 '메쥬'라는 음식을 준비하고 있었다. 메쥬(mbeju)란 파라과이 고유의 음식으로 과라니 어로 표현하는데 재료는 밀가루, 옥수수, 만디오까 가루를 약간의 치즈와 섞어 프라이팬에 바짝 굽는다. 마치 우리의 프라이팬에 빈대떡을 바짝 부치듯이 물기 없이 바짝 굽기 때문에 고소하고 따뜻해서 먹을 만하다. 매점 주위에서는 학생들이 엠파나다를 만들고 있고, 교장은 교감과 함께 저녁에 쓸 고기를 준비하고 있다.

우리 학교에서는 이렇게 학교운영기금을 마련하기 위해 학생, 교사, 학부모들이 힘을 합하고 있다. 이런 모습이 진정 학교와 교사 그리고 아이들을 사랑하고, 학부모들의 관심을 유도하는 계기가 아닐까 생각하면서 경제적 어려움을 함께 이겨 나가는 이들의 지혜 속에서 파라과이의 밝은 미래를 그려 본다.

우리 학교 축제 이야기

파라과이에 온 지 4개월, 7월 1일

날이 어두워지자 운동장에는 빔 프로젝터를 비롯한 대형 스크린이 설치되고 경쾌한 음악이 크게 울린다. 학교 정문을 통해 학부모들이 일인당 2천 과라니를 내고 입장한다. 나는 저녁 7시에 학교에 왔는데 이 시간이면 여기는 한밤중이다. 평소에는 사람들의 왕래가 없고, 차나 오토바이도 거의 없다. 그런 곳에 불이 켜지고, 교문 밖에는 오토바이, 승용차가 주차되어 있고, 우리의 운동회 날 아침처럼 여기도 예외 없이 잡상인들이 모여든다.

운동장 한쪽 켠에 장대로 차단을 하고 임시 먹거리 장터를 마련했다. 동서양 어디를 가나 먹거리가 빠질 수 없나 보다. 먹거리 장 한쪽에서 여교사들이 음식을 팔고 있다. 한쪽에서는 2학년 담임인 파티마가 음료수를 팔고 있다. 여기서 거래되는 모든 먹거리는 현금이 아니라, 티켓을 이용해야 한다.

운동장 옆에 무려 15미터나 되는 통나무가 세워져 있다. 그 통나무 끝에 끈으로 돈을 묶어 주렁주렁 매달아 놓았다. 그러면 한 사람이 이 장대를 타고 올라가서 꼭대기의 돈을 가져간다.

장대 오르기가 끝나자 소의 머리뼈를 앞에 묶고 몸통을 타원형의 종이로 만들어 마치 소의 형상처럼 꾸미고 이것을 뒤집어 쓴 사람이 마치 투우하는 소처럼 다리로 땅을 차면서 앞으로 나가면 사람들이 도망 다니는 모습을 한다. 투우에서 파생된 민속놀이일 거라고 생각한다.

축제가 끝날 때 쯤, 한 사람이 불 붙인 솜방망이를 만들어 발로 차고 노는데 멀리 차면 사람들에게 떨어지기도 하는 위험한 놀이다.

오늘의 행사를 준비해 온 사람들의 노고에 박수를 보내고, 작지만 소중한 기금이 아이들의 교육에 도움될 것으로 생각하니 마음이 뿌듯하다.

3학년 미술 수업

파라과이에 온 지 8개월, 11월 1일

얼마 전 물품 지원으로 구입한 프린터를 테스트하기 위해 출력한 컬러 구구단을 자료로 쓰라고 프레디에게 주었더니, 다음 날 내게 와서 반 아이들 전체에게 주고 싶으니 인쇄해 줄 수 있느냐고 묻는다. 해 주겠다고 하니까 얼마를 주면 되냐고 되묻는다. 돈은 필요 없다고 하자 그는 학부모에게 갹출해서 줄 수 있으니까 염려 말라고 했다. 무료로 출력해 주겠다고 하고 30장을 컬러로 출력해서 반 아이들에게 나누어 주면서 "프랑코가 선물하는 구구단이니 열심히 외어야 한다" 하고 주었더니 너무너무 좋아한다.

오늘 프레디 반을 수업하기로 하고 또 인쇄물을 가지고 들어갔다. 아이들의 눈빛이 너무 예뻤다. 동기유발로 여러 색으로 된 자료를 보여 주고 수업을 하니 잘 따라온다. 수업이라야 색칠공부 수준이었지만, 아이들은 내내 열심히 따라 한다. 매일 칠판의 글씨만 쓰던 아이들이 그래도 그들이 좋아하는 색으로 색칠하고, 낯선 동양인이 조금은 자유스럽게 수업하니까 아이들이 활기가 나는 것 같았다. 수업은 A4 용지 한 장에 크레용으로 색을 칠하는 수준이지만…

수업이 끝나고 정리하고 보니 크레용이 몇 개가 부러져 있었다. 물론 수업 전에 크레용을 조심히 다루라고 지도했지만, 실수로 땅에 떨어뜨리면 딱딱한 크레용은 그대로 두세 동강이 나 버리고 만다. 그것들을 주워서 도서실로 가져와 접착력이 강한 풀로 붙여 일정 기간 말린 다음 접착테이프를 감아서 고정시켜 보관했다. 여러 색 중에 한두 가지 색이 없어지면 아이들이 불편할 것 같아서였다. 그리고 아이들이 완성한 학습지에 파라과이에서 새긴 스탬프용 고무인을 찍어서 정리해 두었다.

그리고 아이들 각자의 이름을 출력해서 붙인 개인용 파일을 준비해서 여기에 오늘 그린 학습지를 철해서 다음 주에 나누어 줄 예정이다.

한 번 더 좋아하는 아이들의 모습을 기대하면서…

3학년 미술 수업 장면

태극기를 그리는 아이들

파라과이에 온 지 8개월, 11월 10일

　　요즘은 아이들과 함께 쓸 학습 자료와 부족한 학교 예산으로 구입하기 어려운 사전 등 몇 가지를 아순시온에서 사 오느라 바쁜 나날을 보냈다. 한편으로 아이들 수업을 위해 자료 제작과 현지 수업 용어를 쓰고, 익히느라 분주하게 보내고 있다. 사실 아이들에게 제공해야 하는 것들을 모두 내가 다 준비해서 나누어 주어야 하기 때문에 일이 많다.

　　어제는 새벽에 비가 와서 아이들이 30명 중 13명밖에 오지 않았다.

　　먼저, 태극기에 대한 기본적인 작도법과 의미를 서투르게나마 설명하고 난 뒤 아이들에게 도안된 태극기에 색칠하게 했다. 그러자 너나 할 것 없이 아이들은 열심히 색칠했다. 그러나 자주 만져 보지 못한 크레용을 종이에 칠하면서 자주 부러뜨린다. 연필 쥐듯이 해서 눌러서 부러뜨리고, 땅에 떨어뜨려서 부러뜨리고 … 수업이 끝난 뒤에는 일일이 크레용 상자를 열어서 부러진 것은 풀(우리의 본드와 같은 성분이라 매우 잘 붙는다.)을 묻혀 잠시 후에 서로 붙여서 다시 스카치테이프로 돌려 감아서 고정시켜 놓는다.

태극기를 그리는
파라과이 아이들

다행히 쓰는 방법을 아이들에게 설명하고 수업하니까 아이들이 잘 따라준다. 너무 순진하고 착한 아이들이다. 수업 자료들을 소중하게 다루려고 노력하고 시키는 대로 따라 해 준다.

내가 수업에 들어가기 전에는 아이들이 나를 "프랑코!" 하고 불렀는데 내가 교실에서 이제부터는 선생님으로 부르라고 했더니 내가 수업을 들어가는 반 아이들은 "프랑코 선생님"이라고 불러준다. 이는 내가 지도한 것도 있지만, 담임교사가 나에 대한 호칭을 고쳐 준 결과이기도 하다.

이렇게 피부색이 다른 아이들이 함께 공부하고, 자신들의 나라 파라과이를 사랑하면서 자라고 있는 아이들에게 내가 해 줄 수 있는 것은 무엇일까를 생각해 보았다.

파라과이의 교사 전보 제도

파라과이에 온 지 1년, 2월 28일

파라과이에서는 교사들이 공립학교라 하더라도 일정 기간이 지나면 타교로 전보되는 것이 아니라 우리의 사립학교처럼 특별한 경우가 아니면 한 학교에 계속 근무하도록 되어 있다. 그래서 한 학교에서 25년 근무기간을 다 채우고 퇴직한 교사들이 많다고 한다.

그뿐 아니라 3학년 담임인 파티마는 이곳 누에바 이탈리아에서 태어나서 지금의 초등학교와 우리 집 근처에 있는 고등학교를 졸업하고, 대학을 거쳐 자기의 모교에 교사로 근무하고 있다고 한다. 그는 또 현재 살고 있는 집에서 태어났는데 그 집에서 자기의 어머니는 일곱째 동생을 낳다가 사망했다는 얘기를 한다. 그는 한 번도 이 누에바 이탈리아를 벗어나 본 적이 없고 그의 집을 떠나 본 적이 없는 셈이다.

또, 3년 후에 정년퇴직할 원로 교사 로시도 지금 자신이 근무하는 초등학교를 졸업했다고 한다.

이렇게 대부분의 교사들이 자신이 졸업한 학교에서 자신의 후배들을 가르치고 있는 셈이다.

오늘 유치원 과정을 가르치는 교사가 다른 학교로 전근을 간다고 한다.

까라빼구아 쪽으로 5킬로미터를 가면 자신의 집이 있는데 너무 멀어서 집 가까운 학교로 간다고 한다. 12살, 13살의 아들 때문에 이번에 전출 신청을 했다는 것이다.

16년간 이 학교에서 근무했다는 그를 위해 교사들이 조금씩 갹출을 해서 조촐한 송별회를 가졌다. 내가 송별가를 부른 뒤에 간단히 인사말을 하는 그의 눈시울이 붉어졌다.

'남미의 밝고 활달한 성격을 가진 이들도 이런 면이 있구나!'라는 생각을 했다.

교사들이 준비한 선물을 건네준다. 여자용 슬리퍼였다. 내가 보기에는 그저 그렇지만 그들에게는 멋있게 보였으리라. 우리는 엠빠나다와 코시도를 마시면서 그의 전근을 아쉬워했다.

시업식 하던 날

파라과이에 온 지 1년, 3월 6일

새 학년이 시작되는 시업식이 있는 날이다. 원래 일주일 전(2월 25일)에 할 예정이었는데, 우리나라 일본뇌염처럼 더운 지방에서 모기가 매개하는 '뎅기열' 주의보가 내려져서 아이들 개학을 일주일 연기했기 때문에 오늘 개학하게 된 것이다.

어제부터 날씨가 흐려져서 새벽에 비가 올 줄 알았는데 다행히 비는 오지 않고 기온이 내려가고 잔뜩 흐린 날씨이다. 모든 행사 계획은 날씨 변화에 맞추어야 하기 때문에 민감해야 한다.

아침 7시까지 등교하기 때문에 5시 30분에 기상해서 부랴부랴 준비하고 긴팔 와이셔츠에 여름 웃옷을 입고 나갔더니, 거리에는 아이들을 태운 오토바이가 분주하게 움직인다.

드디어 시업식.

이곳 파라과이는 시업식과 입학식이 같이 이루어진다. 7시가 되니 1학년 신입생부터 9학년 아이들까지 모두 모였다. 우리 같으면 일학년 신입생들의 학부모가 많이 왔을 텐데… 아이들도 많지 않았다. 날씨가 흐려서 출석률이 저조한 것 같았다.

시업식 과정은 먼저 파라과이 국가를 부르고, 카톨릭 의식을 하고 교장의 인사말과 일 년간 지도해 줄 담임 소개를 하고 신입생 대표가 인사를 하고 프레디가 간단한 오락으로 아이들을 웃게 한 뒤 반별로 교실에 입실했다.

　　아이들이 수업을 하는 시간에 도서실 로시와 함께 그의 차로 우리 집에 가서 아이들 지도에 필요한 자료를 학교로 싣고 왔다.

　　다음 주부터 나의 수업이 시작된다.

　　이제 한동안 바쁜 나날이 계속될 것 같다.

신입생들이 입실 전 담임인 프레디의 설명을 듣고 있다.

한글 시간과 두꺼비

파라과이에 온 지 1년 1개월, 4월 3일

이번 주는 한글을 아이들에게 가르치는 주간이다. 그동안 나름대로 한글을 지도하기 위한 자료를 만드느라 모든 정성을 쏟았다. 공식적인 자료가 없기 때문에 혼자서 이리저리 발음해 보고 비슷한 발음을 스페인어로 옮겨 인쇄를 했다.

3학년부터 6학년까지 150장 정도를 프린터로 출력해야 하기 때문에 여간 신경 쓰이는 것이 아니었다. 고맙게도 아직까지 프린터는 잘 작동되었다.

아이들이 잘 따라와 주어야 할 텐데…

한글의 자모음 24자를 지도할 때 아이들이 지루해서 잘 따라와 주지 않을까 봐 허공에 크게 또는 작게 써 보기도 하고, 때로는 잘 따라와 주는 아이 칭찬도 하는 등 나름대로 변화를 주기 위해 신경을 썼다. 고맙게도 아이들은 밝게 잘 따라와 주고, 신기하게 발음도 비슷하게 해 주었다. 인쇄물을 집에 가져가서 연습하고 다음 시간에 가져오도록 했다.

아침에 집 화장실을 갔는데, 초대받지 않은 손님(?)이 나를 기다리고 있었다. 두꺼비였다. 어젯밤에 비가 계속 오더니 높은 화장실 창문을 넘어서 들어온 것이다.

  나중에 여자주인에게 들은 얘기지만 두꺼비는 바깥 현관 바닥 틈새로 들어와 물이 있는 곳까지 본능적으로 기어 와 화장실까지 왔다는 것이다.

  그러나 빗자루 세례를 받으며 다시 밖으로 방출되었다. 바쁜 아침 시간에 이 녀석과 씨름하느라고 아까운 시간을 허비했다. 학교에 갔더니 또 다른 두꺼비가 도서실 문 앞에서 나를 기다리고 있다. 이 녀석은 집에서 본 놈보다 훨씬 크다.

  이유는 알 수 없으나, 파라과이에는 개구리보다도 두꺼비가 많다고 한다. 사포(Sapo)라고 불리는 두꺼비는 외모로 보아 개구리보다 더 징그럽게 생겼기 때문에 사람들로부터 환영받지 못하는 존재이다.

태권도 기합 소리

파라과이에 온 지 1년 1개월, 4월 11일

파라과이 아이들도 태권도를 모두 좋아한다. 이곳에 온 이후 7, 8, 9학년의 큰 아이들이 나를 보면 '가라데'를 할 줄 아느냐고 묻는다. 이곳에도 태권도가 많이 보급되었고 지금도 우리 단원들이 파견되고 있지만, 이들에게는 아직도 '태권도'라는 용어가 생소한 것 같다.

나는 '가라데'는 일본, '쿵푸'는 중국 그리고 '태권도'는 한국이 종주국이고 태권도는 올림픽 종목 중의 하나라고 알려 주었다. 그리고 태권도에 쓰이는 모든 용어는 반드시 한국어로 해야 한다는 말도 덧붙였다.

3월 마지막 주가 세마나 산타(Semana Santa) 주여서 아이들이 배우고 싶어 하던 태권도를 하지 못해서 오늘 5학년 두 개 반을 가르쳤다.

내가 태권도를 배운 지 하도 오래되어서 지금 사용하는 용어와 달라 이곳 파라과이에 파견된 태권도 단원의 도움을 받아 아이들에게 기초를 지도했는데 그런대로 잘 따라와 주었다.

간단한 이론과 함께 '차렷', '준비', '지르기' 등의 기본자세를 학습했는데, 특히 '지르기' 단계에서는 어깨의 자세가 중요한데 처음 해보는

태권도 기본자세 수업

아이들인지라 많이 틀어지고 자세가 잘 나오지 않는다. 두 번 지르기 할 때 기합 대신 '태권'을 넣으라고 했더니 잘 따라와 준다.

나중에는 안 쓰던 근육을 쓴 탓인지 다리가 아프고 팔도 아프다는 아이들이 있었지만 모두 즐거워한다. 수업이 끝나서도 삼삼오오 모여서 지르기 연습을 하는 모습을 보고 나도 뭔가 뿌듯하고 사명감을 느꼈다.

야외수업을 하면서 지켜보고 있던 9학년 아이들이 의자를 가져와 수업을 참관한다. 그리고 수업 후에 자기들도 태권도를 지도해 달라고 한다. 잠깐 모여서 기본 동작을 했더니 잘 따라와 주는데 힘이 너무 들어가서 교정하는 데 애를 먹었다.

발차기까지 하려면 좀 더 시간이 걸려야 할 것 같다.

비록 기본자세가 나오지 않아도 한번 배운 아이들은 태권도를 잊지 못할 것이다.

아이들로부터 받은 편지

파라과이에 온 지 1년 2개월, 4월 28일

파라과이에서 스승의 날은 4월 30일이다.

학교에서는 지난주부터 현관에 편지함을 만들어 놓고, 선생님에게 쓴 감사의 편지를 이곳에 넣도록 지도하고 있다. 그래서 매일 아침 조회 때 교장이 많은 아이들 앞에서 해당 교사에게 편지를 전달하는 시간을 갖고 있다.

이번 주는 모든 교사들이 맨 앞자리에 의자를 놓고 앉아서 아침조회에 참석했다. 지난 26일(목), 교장이 내 이름을 불렀다. 깜짝 놀라서 바라보니 내게도 편지가 온 것이다. 그것도 4통씩이나… 너무 기뻐서 편지를 받아들고 만세를 불렀다.

모든 아이들과 교사들이 박수를 쳐 주었다.

4통의 편지 중 어떤 아이는 공책을 찢어서 쓴 편지도 있었지만, 내게는 너무 소중하고 고마웠다. 또 다른 아이는 글씨에 정성을 담아 아주 예쁘게 또박또박 써서 나를 기쁘게 해 주기도 했다. 자신의 선생님도 아니고, 말도 서투른 나에게까지 편지를 쓰리라고는 생각도 못했다.

이런 아름다운 마음을 가진 아이들을 위해서라도 더욱 사랑하고 열

1. 교장으로부터 편지를 전달받는 모습
2. 아이들로부터 받은 편지

심히 활동해야겠다.

■ 다음은 4학년 까를로스가 쓴 편지

Para el profesor Franco
Profesor "Franco"
Gracia por ense..arme todo lo que sabes y por todos los regalos que nos has dado
cada año. y por eso te deseo muchas suerte, segui siempre asi como sos.
Feliz dia del Maestro.
Alumno : Carlos Cesar Garcete Vera

프랑코 선생님께
나를 가르쳐 주시고 매년 우리에게 선물을 주셔서 감사드립니다.
항상 많은 행운이 있기를 바랍니다.
스승의 날을 맞이하여 축하드립니다.
학생 ; Carlos Cesar Garcete Vera

수업 전 5학년 아이들과 함께

파라과이에 온 지 1년 2개월, 5월 9일

요즘 기온이 많이 내려갔다. 지난주 토요일에 비가 많이 오더니 오늘 아침 최저기온 8도, 낮 최고기온 26도였다.

이곳 사람들은 추위에 엄청 약하다. 프레디는 오늘도 가죽잠바를 입고 출근했다.

아직 밤이 춥게 느껴지지는 않지만, 나도 전기장판을 꺼내서 침대 위에 깔고 테스트 해 보았다. 내일부터 기온이 조금씩 올라가다가 일요일쯤 또 비가 온다는 예보가 있다.

요즘 아이들은 독립기념일(14일)에 있을 시가행진에 나갈 준비를 하느라 열흘 전부터 시끄럽다. 일부 아이들은 작은 북으로 장단을 맞추느라 뚱땅거리고 있고, 또 다른 아이들은 긴 지휘봉으로 의장대 기수처럼 장단에 따라 지휘봉을 흔드는 연습을 하느라 수업도 뒷전이다.

수업도 그 아이들이 빠지고 남은 아이들만 하기 때문에 맥이 빠진다. 이이들은 요즘 들어 부쩍 떠드는 소리가 많이 들린다. 운동장 수업이 많고 어느 정도 나와 친숙해져서일까?

담임에게 수업 전 아이들에게 주의를 주라고 했다. 잠시 후 아이들이 아주 고분고분하게 운동장으로 나온다.

역시 담임 말 한마디가…

오늘 수업 전에는 5학년 B반 아이들과 기념촬영을 했다.

행사 연습으로 빠진 아이들이 많았지만, 아이들의 성화로 운동장에 모여서 찍었는데 B반 담임인 구스타보가 사진사 역할을 해 주었다. 사진을 자주 찍어 볼 기회가 없었던 구스타보는 몇 번 실패 끝에 성공하여 아이들과 함께 하는 그의 사진을 몇 장 찍어 주었다.

5학년 아이들과 함께

한국을 배우는 아이들

파라과이에 온 지 1년 4개월, 7월 6일

지난주부터 부분적으로 교사들이 단체행동에 들어갔었는데 엊그제도 동맹파업으로 학교에 나오지 않는다. 파라과이 내의 모든 학교들이 휴업에 들어갔으나, 우리는 교장이 아이들을 불러서, 교사들이 있을 때처럼 아침에 조회도 하고 교실에 입실을 한다.

교장이 아이들을 부른 것은 5일 학교운영기금을 마련하기 위한 축제인 '산 후안'이 있기 때문에 이를 위한 준비와 분위기 조성 때문일 것이라고 생각했다.

학교에는 교장, 교감, 교장 업무보조(secretaria), 유치원 교사 1명, 고학년(tercer Ciclo) 교사 1명 그리고 나, 이렇게 7명. 그래서 유치원 교사가 유치원과 1학년을, 교장 보조는 2, 3학년을, 교감은 4, 5학년을, 교장은 5학년 한 반과 6학년을, 나는 6학년 한 시간을 지도하게 되었다.

6학년 아이들이 교실에 들어가려 하자 교실 열쇠가 없어서 교장이 동분서주하고 있었다.

내가 도서실에서 수업하겠다고 하고 아이들을 데리고 도서실로 왔다.

도서실에는 열람대 겸 긴 책상이 두 개 있는데 하나는 책상다리가 부러져서 한 켠에 세워두고 있어 책상 하나로는 자리가 부족했다. 여기저기에서 의자를 가져다가 겨우 앉았다.

담임 없이 나와 하는 공부가 아이들에게는 해방된 듯한 느낌인지 소란스럽다. 그래도 큰 아이들이라 조용히 하라고 하면 금세 조용해진다.

오늘 40분으로는 수업량이 많은 편이라 잔소리는 많이 하지 않고 읽고, 한국어, 발음, 뜻, 존칭어 등을 구분해서 개인별로 발음해 보고 작성한 자료에 쓰고 난 후, 정리를 했다.

수업을 끝내면서 아이들에게 "앞으로 오늘 배운 한국어 인사말로 아침에 인사를 할 테니 여러분도 한국어로 인사를 하라"고 했다.

비록 많은 시간 공부한 것은 아니지만 쉬운 인사말을 자주 씀으로써 한국어와 익숙해지고 나와도 친숙하게 지낼 수 있는 계기가 될 것 같아 이렇게 말했다. 아이들도 수긍하고 그렇게 하기로 약속했다.

그리고 한번 연습을 했다.

'안녕하세요?'

'반갑습니다.'

'안녕히 가세요.'

아이들이 새로운 변화가 있어서인지 나랑 수업하는 것을 무척 좋아한다.

기증식을 위한 작품 전시

파라과이에 온 지 1년 7개월, 10월 26일

　어제 우중충한 날씨가 오후로 들어서면서 사방이 깜깜해지면서 굵은 비가 내리기 시작했다.
　'이렇게 비가 오면 내일 기증식을 밖에서 할 수 없을 텐데…'
　우리 학교에는 실내에서 행사를 치를 수 있는 강당과 같이 넓은 공간이 없고, 도서실을 비우고 그곳에서 하려 해도 비좁고 특히 에어컨이 없기 때문에 대부분 학교 행사는 주로 복도나 야외 행사장에서 하고 있다.
　나는 이곳 날씨 상황을 알기 때문에 내심 비가 세차게 내리기를 바랐다. 왜냐하면, 이렇게 비가 많이 오면 다음 날은 맑을 확률이 높기 때문이다. 역시 오늘 새벽부터 빗소리가 들리지 않았다. 하늘은 맑지 않았지만, 비는 오지 않아 7시까지 학교에 갔다. 모두들 청소하고 있는 동안 나는 나름대로 두 가지를 준비했다.
　그동안 수업을 하면서 아이들 개인용 학습 자료철을 준비하고 수업을 마치면 그 결과물을 자료철에 붙이고 도장을 찍어 주었다. 그래서 그 개인 자료철을 보면 그동안 수업한 내용들이 다 들어 있다.

첫 수업을 할 때 태극기와 파라과이 국기를 그렸는데, 아이들 수를 생각해 보니 2백 여 장이 될 것 같았다. 그래서 자료철에서 두 나라 국기를 떼어 내고 나머지를 다시 붙였다. 그리고 떼어낸 국기를 굵은 실에 붙여 만국기를 만들었다.

완성된 국기를 식장 좌우에 길게 장식했다. 우리 운동회 때나 볼 수 있는 훌륭한 만국기가 파라과이 시골 초등학교에서 펄럭이고 있다.

그리고 표지에 두 나라 국기와 아이들 이름을 새긴 개인 자료철과 그동안 수업 후 모아 두었던 아이들 작품들을 분류해서 전시를 했다.

또, 여러 물품을 지원해 준 KOICA와 대한민국에 고마움을 담은 편지를 아이들이 지난 주에 썼는데 그것들도 함께 전시를 했다. 현지 교육행정 담당자와 학부모, 교사 그리고 학생들이 함께 돌아볼 수 있도록 한 것이다.

학생들에게는 어느 정도 의도된 것이기는 했지만 이런 기회에 한국을 알리고, 그들을 도와준 나라에 대한 고마운 마음을 갖게 하는 것도 교육적으로 중요할 것 같아 시도하게 되었다.

기증식 있던 날

파라과이에 온 지 1년 7개월, 10월 26일

드디어 10월 25일(금)이다.

기증식은 오전 10시에 시작되었다. 사무소에서 KOICA 파라과이 사무소 소장님과 관리요원들이 도착하고, 지방에서 근무하고 있던 단원들도 시간에 맞추어 새벽 차를 타고 우리 동네까지 와 주었다. 교장과 사무소 소장이 인사를 하고 간단하게 학교를 돌아본 후 10시 정각에 기증식이 시작되었다. 2학년 담임 교사인 안나(Ana)가 사회를 보았다. 양국 국가 제창, 교장과 소장님 그리고 나의 인사말, 기증서 서명, 기념품 증정 그리고 식후 공연의 순서로 진행되었다.

식후공연에는 내가 준비한 마술과 4, 5, 6학년의 태권도 시범이 있었고, 우리 봉사단원들이 틈틈이 연습한 사물놀이와 1, 2, 3학년의 파라과이 민속춤을 끝으로 기증식의 모든 행사가 마무리 되었다.

특히, 예상하지 않은 아이들의 태권도 시범에 너무 놀랐고, 큰 감동을 받았다. 그동안 태권도 수업을 하면서 태극 1장을 기증식 때 선보일까 생각했으나, 연속된 동작을 어려워해서 수업 중간에 취소했는데, 담임과 아이들이 나 몰래 연습하여 올린 것이다.

1. 기증서 전달 장면
2. 교실 앞에 전시된 학습 자료들

6학년 학생 한명이 교사인 나처럼 행동하면서 '나는 한국 사람입니다'라고 선창하니까 나머지는 '우리는 파라과이 사람입니다'라고 제창하면서 어디서 구했는지 도복을 입고 나왔다. 한국말은 그동안 한국어 시간에 배운 내용을 외운 것이다.

그리고 태권도 시범을 보이면서 체육시간에 했던 국민체조를 섞어서 팔운동, 온몸 운동과 태권도의 지르기와 발차기 등을 하였다. 자세는 서툴렀지만 많은 사람들 앞에서 시범 보이고자 하는 아이들의 열정에 나는 큰 감동을 받았다. 소장님과 교장, 그리고 내빈들이 호기심 어린 눈으로 시종 관람했으며, 웃음과 힘찬 박수로 어린 태권도 시범단을 격려했다.

내빈들은 유치원과 기증품을 받은 교실을 돌아보고 도서실에 마련된 간식을 들면서 그동안 내가 이 학교에서 활동했던 사진들을 중심으로 PPT 자료를 보면서 나의 활동에 치하를 해 주었다.

나 모르게 오늘의 행사를 위해 많은 노력을 하고 준비한 담임들과 학생들에게 고맙고, 새벽에 출발해서 이곳까지 와서 축하해 준 단원들과 사물놀이로 한국의 멋을 알게 해준 단원들도 고마웠다.

오늘의 행사를 통해 이들에게서 느끼는 따뜻한 정과 색다른 감동은 오랫동안 잊혀지지 않을 것 같다.

날, 날, 날

이곳은 작은 동네라 이렇게 언제, 어디서, 무슨 관계로 만나게 될지 모르기 때문에 나의 행동 거지 하나하나를 조심해야 하고, 또 그들에게 모범이 되는 언행을 해야겠다고 다시 한 번 다짐을 해 본다.

같은 방향으로 하교하는 아이들과 함께

스승의 날

파라과이에 온 지 2개월, 5월 4일

스승의 날은 근로자의 날 전날이지만 공휴일인 관계로 2일에 스승의 날 기념행사를 했는데 아이들이 한껏 치장을 하고 민속무용을 하는 것이었다. 특히 유치원 아이의 앙증맞은 무용이 많은 사람들의 관심을 받았다. 교사들은 무대 아래쪽에 앉아 있고, 아이들이 올라와서 교사들에 대한 고마운 마음을 표현한다. 후반부에 교장이 무대에 올라와 노래를 하며 흥을 돋운다.

아이들이 하교한 후 교사들은 유치원 교실에서 점심으로 아사도를 먹은 후, 교장은 교사들에게 선물을 하나씩 주었다.

고맙게도 온 지 얼마 되지 않은 나에게까지 선물을 주었다. 작은 볼펜이었지만, 나에 대한 배려에 감동했다.

다음에는 큰 선물을 주기 위해 각자 이름을 써 낸 제비를 모아 추첨하는 시간인데 교장이 나를 부르더니 제비를 뽑아달라고 한다. 그래서 대충 하나를 뽑아서 이름을 불렀다. 그랬더니 안면 있는 사람이 만세를 부르며 좋아한다.

일주일 전, 아순시온에 나갔다가 밤에 돌아오는데 사방이 깜깜해서 어딘지 분간이 안 되고 혹시 차를 잘못 타지 않았나 하는 불길한 생각에 옆에 있는 사람에게 이 차가 누에바 이탈리아에 가느냐고 물었다. 이 사람은 '내가 여기서 내려야 하는가?'로 잘못 알아들어 난감해 하고 있던 차에 내 뒤에서 누가 "프랑코!" 하고 내 이름을 불러 깜짝 놀랐는데 나중에 알고 보니 이 학교 선생이었다. 작은 시골 마을로 들어가는 밤 버스에 탄 사람들은 모두 우리 동네 사람들이거나 인근의 주민들이었다. 나는 그들을 모르지만 그들은 아마 나를 알 것이다. 내가 어느 나라에서 왔으며, 어느 집에서 살고 있으며, 어디서 근무하고 있는지. 그러나 이곳에 온 지 보름 남짓 된 나로서는 낯설기 그지없었다.

그때 친절하게 가르쳐 주어서 집에 무사히 돌아왔는데 바로 이 사람이 내가 뽑은 제비에 추첨된 것이다. 특수반을 담당하고 있는 교사 막시모(Maximo)였다.

그때 진 빚을 갚은 것 같아 마음이 편했다.

사실 이곳에 온 지 얼마 안 된 나로서는 하루 24시간이 긴장의 연속이었다. 학교에서도 그렇고, 동네에서도 누가 날 부르면 깜짝깜짝 놀라기가 일쑤였다. 우리나라에서도 낯선 시골 마을에서 며칠 기거하게 되면 긴장하게 되는데 하물며 지구 반대쪽 인종과 문화가 다른 곳에서 혈혈단신의 몸으로 살아가고 있으니 긴장이 안 될 수가 없었다. 그러나 동네 사람들이 순박하고 친절하여 그들과 함께 지내는 것이 어렵지 않다는 것을 나중에 차차 알게 되었다.

그렇지만 그들은 이렇게 언제, 어디서, 무슨 관계로 만나게 될지 모르기 때문에 나의 행동거지 하나하나를 조심해야 하고, 또 그들에게 모범이 되는 언행을 해야겠다고 다시 한 번 다짐을 해 본다.

청소년의 날

파라과이에 온 지 6개월, 9월 22일

   9월 21일은 청소년의 날(Dia de la Juventud)이자, 봄이 시작되는 첫 날로 청소년들이 건강하고 바르게 자라기를 기원하는 날일 것이다.
   어제는 고학년들이 그들의 날을 기념하기 위한 축구대회를 가졌다. 축구시합 전 각 학년 대표들이 몸단장을 하고 나와 흥을 돋우었다. 오늘 9시가 되어서 고학년 아이들을 위한 축하공연이 시작되었다. 동생들은 준비한 춤과 장기자랑 등으로 그들의 날을 축하해 주었다. 그리고 오늘의 주인공들이 무대에서 춤을 추는 것으로 행사를 마쳤다.
   점심을 먹기 위해 자리를 옮겼다.
   오늘의 주인공들은 수업을 안 하니까 오전에 학교에서 축하공연을 보고 자리를 옮겨 경찰서 뒤편, 우리로 치면 마을회관 정도 되는 곳으로 결혼식이나 특별한 행사가 있으면 이곳에서 한다고 하는데 오늘은 어린 친구들이 이곳에서 춤을 추며 즐거운 한때를 보냈다. 우리들은 오전 수업을 마치고 이곳으로 왔는데 점심은 아사도였다. 아이들과 교사들은 점심값으로 만 과라니를 냈다.
   그런데 이것을 교장이 직접 모든 준비를 한다. 교장이 집에서 음료수와 만디오까를 가져오고 이곳 공터에서 고기를 굽는다.

　교장의 말로는 소 한 마리에 갈비가 15킬로그램씩 두 짝이 나온다는데 오늘 굽는 고기는 50킬로그램이라고 한다. 한두 시간 정도 약한 불로 천천히 굽는 고기는 기름이 뚝뚝 떨어져 참 맛있게 보였다.

　점심 식사 전까지 아이들은 자기들끼리 춤추고 놀다가 점심을 먹고 또 오후를 즐긴다.

　교사들은 식사를 하고 오후반 수업을 위해 학교로 갔다.

　근처 고등학교에서도 우리와 마찬가지로 축제를 하는데 운동장에서 울려나오는 노래는 〈강남스타일〉!

　한마디로 오늘은 학교에서 후배들의 공연을 보고 점심식사를 한 후 친구들과 실컷 춤추고 노는 날이다. 학교에서 이런 자리를 만들어 주고, 또 가정이나 지역에서도 그것이 당연한 것으로 생각하고 있다.

　이런 모습을 보고 늘 우리에 갇혀 무언가에 쫓기는 듯한 생활을 하는 우리의 청소년들을 생각했다. 우리는 우리나라 청소년들의 정신 건강 유지를 위해 무엇을 얼마나 하고 있나?

　아이들을 풀어 줄 때는 확실하게 자리를 마련해 주어 그들의 스트레스를 날려 버릴 수 있도록 하는 이 나라 어른들의 배려가 내심 부러웠다.

졸업식 이야기

파라과이에 온 지 9개월, 12월 12일

12월 11일, 우리 학교 9학년 아이들의 졸업식이 있는 날이다. 저녁 6시 30분, 장소는 시청 뒤 행사장. 오늘 최고기온이 39도인데 지금 기온이 37도이다.

모처럼 넥타이를 매고 얇은 웃옷을 입고 나갔으나 덥기는 마찬가지였다. 남교사들도 모두 양복을 입었는데 양복 입은 모습을 처음으로 본 사람도 많았다. 여교사들은 모두 유니폼. 이곳 사람들은 유니폼을 즐겨 입는다.

식이 시작되자 졸업생 대표가 기수가 되어 나오고 졸업생들이 입장한다. 졸업식이 끝날 즈음에서 후배에게 학교 기를 넘겨주는 순서가 있었다.

장학사와 교장이 단상에 올라와 졸업장을 교대로 준다.

여기 장학사는 누에바 이탈리아, 빌리에타, 과람바레 이렇게 세 곳에 있는 학교를 관할한다고 한다. 장학사를 도와주는 비서격인 직원하고 둘이서…

교장이 내빈을 소개할 때 다른 손님들과 함께 나를 소개해 준다. 한

졸업생이 교기를 후배에게 넘겨주고 있다.

시간 정도 걸린 것 같았으나 너무 더웠다. 단상에 대형 선풍기 하나 그리고 내빈석에 하나, 달랑 두개의 선풍기로 더위를 달래기에는 역부족이었다.

졸업식이 끝나자 내빈들을 모시고 옆에 있는 방으로 안내한다. 그곳은 간단한 간식과 음료가 준비되어 있는데 에어컨이 두 개나 있는 방이다. 너무 더워 에어컨 앞에서 웃옷을 벗으니 와이셔츠가 완전 젖어 있었다. 땀에 젖은 모습에 여교사들이 놀란다. 그들은 아무리 더워도 나처럼 땀을 많이 흘리지 않는다.

간식과 음료를 마시고 잠깐 옷을 갈아입기 위해 집으로 갔다.

졸업식은 크게 두 파트로 나뉘어서 진행된다. 먼저 우리의 졸업식과 비슷한 의식 행사와 졸업식 후 축제가 그것이다. 전자가 공식적인 행사라면, 후자는 그들 특유의 춤과 노래를 즐기는 축제의 시간으로 채워져 있다.

학교에서는 학부모에게 갹출하여 일정한 탁자와 의자를 준비하면 학부모들은 집에서 간단한 음식과 음료 등을 가지고 온다. 간단한 음식이라야 치빠, 엠빠나다, 소파 파라과쟈 등이고 음료는 콜라이다. 또, 필요한 먹거리나 음료는 임시 매점을 설치해서 운영한다. 교사들도 음료를 다 마시자 5천 과라니씩 갹출한 뒤 사과주를 사온다. 사과주는 샴페인과 비슷하게 생겨서 마개를 열면 '펑' 소리가 난다.

그 사과주를 떼레레 마시는 것처럼 한두 모금 마시고 옆으로 돌린다. 그럼 옆 사람이 마시고 또 그 옆 사람에게 건넨다.

잠시 후 단상의 마이크 소리가 울리고 졸업생들이 교복을 벗고, 남학생은 검정 와이셔츠에 붉은 넥타이, 여학생들은 매끄러운 붉은색 원피스를 입고 등장한다.

교사가 졸업생 이름을 부르면 학부모 석에 있는 엄마나 이모, 누나 등 한 사람이 그 졸업생의 손을 잡고 원을 그리며 선다. 남자 졸업생은 엄마나 이모, 누나 등의 여자와, 여자 졸업생은 아빠나 오빠, 할아버지 등 남자와 손을 잡고 춤을 춘다. 이는 결혼식을 할 때도 예식이 끝나면 이와 같이 춤을 춘다고 한다. 나머지 가족들은 이런 모습을 지켜보면서 자녀의 졸업을 축하해 준다.

가족, 친척과의 춤이 끝나면 친구들과의 시간으로 이어진다.

마침 싸이의 〈강남스타일〉 음악이 나오자, 로시가 나가서 춤추자고 한다. 따라 나가니 많은 학생들과 학부모들이 내 주위로 몰려온다. 나는 대충 말 춤 흉내를 내면서 노래를 따라 불렀다. 모두 따라서 한다. 그들에게는 박력이 넘치는 흥이 있다. 또 그들의 문화 속에 빠져 들고 있는 나를 좋아하는 것 같다.

23시 10분, 계속되는 음악소리와 폭죽이 터지는 가운데 나는 조용히 집으로 돌아왔다.

한껏 치장을 한 뒤 공연 시간을 기다리는 어린이들

세마나 산타 주간

파라과이에 온 지 1년 1개월, 3월 27일

이번 주는 세마나 산타(Semana Santa) 주간인데 일 년 중 가장 큰 명절 중에 하나라고 한다.

세마나 산타는 예수가 부활하기 전 고통 받은 일주일을 말하는 것으로, 학교에서도 어제 오늘 이와 관련한 행사를 가졌다.

어제는 수업 전 조회시간에 9학년 대표들이 나와 예수가 십자가를 지고 가는 모습과 그 뒤를 따르는 3명의 여자를 재현했는데 참여하는 학생들의 모습이 사뭇 진지한 표정이었다.

그리고 오늘 아이들이 한자리에 모여 지도 교사 중심으로 간단한 예배를 보고 난 뒤 학교 교정에 준비해 둔 팻말로 가서 간단한 예의를 표하고 기도문을 외운다.

예수의 고난의 행적을 느껴보는 시간에 저학년 아이들은 장난치지만, 대부분의 아이들은 숙연하게 참여하고 있다

특히 여섯 번째 지역에는 '예수가 가시관을 쓰고 매질을 당하고 있다'는 문구가 적힌 곳에서 아이들은 고개를 숙여 기도문을 외우고 있었다.

십여 곳이 넘는 곳을 돌아 순례를 마치고 난 뒤, 지도 교사의 얘기를 듣고 교실로 입실했다. 종교의식이어서 그런지 아이들이 자율적으로 잘 따르고 협조도 잘하고 있었다.

　　마침 작년에 물품지원으로 구입한 축구공을 반별로 하나씩 준비해 두었는데, 다음 주 월요일 부활절을 맞이해서 선물로 주어야겠다.
　　사실 축구공을 도서실로 가져온 날부터 아이들의 눈빛이 빛나고 모든 관심이 축구공에 있었다. 그리고 몇몇 아이들은 내게 새 축구공을 만져 봐도 되느냐고 묻기도 한다. 내가 나중에 선물로 줄 것이라고 하자, 언제 주느냐고 되묻는다.
　　이곳 아이들만이 아니라 파라과이 남녀노소 모든 사람들은 축구를 거의 광적으로 좋아한다. 이럴 때 축구공을 선물로 주는 것이 시기에 적절하다고 생각된다.
　　지금, 이 글을 쓰고 있는 중에도 집 옆 고등학교에서도 학생 한 명이 순례를 하면서 기도문을 낭독하는 소리가 스피커를 통해 들려오고 있다.
　　이번 주는 어제, 오늘 이틀간 수업을 하고 나머지 5일은 쉬는 날이다. 모든 사람들이 쉬기 때문에 슈퍼마켓도 문을 닫는 집이 많고, 버스 배차 간격이 길어진다고 한다.
　　파라과이에 온 지 한 달도 안 된 작년 이맘때, 아순시온에서 다른 단원들과 함께 '집짓기 봉사활동'에 참가해서 그 더위 속에 이틀간 엄청난 고생을 하면서 집 한 채를 지었는데…

독립기념일 행사

파라과이에 온 지 1년 2개월, 5월 15일

오늘은 제 202주년 파라과이 독립기념일이다.

1537년 스페인으로부터 침략을 받아 식민지가 된 후, 거의 300년 동안 지배를 받아오다가 1811년 독립을 하게 되었다.

내가 사는 조그만 마을도 독립기념일로 모든 사람들이 축제 분위기이다. 학교 아이들은 20일 전부터 행진 연습과 타악기와 봉 흔드는 연습을 하느라 수업은 뒷전이었다.

오전 8시 30분에 시청 뒤 공원에서 기념식이 있다고 해서 나갔다.

파라과이에는 스페인의 영향을 받아서인지 어느 마을이건 마을 중심에 성당과 플라싸(plaza)라고 하는 광장이 하나씩 자리 잡고 있다.

날씨가 흐려서 걱정을 했는데 다행히 행사가 끝날 무렵 비가 와 주었다.

어느 나라이건 행사에 사람 동원하기에는 학생들이 제격인가 보다. 고등학교 학생까지 다 모이니 평소 한가하던 공원이 사람들로 가득 찼다. 거기에 같이 온 가족들, 모처럼 이 시골 마을이 활기가 띤 것 같았다.

기념식 후반부에 고등학생들의 민속무용이 있었다.

여학생들은 머리에 병과 항아리를 이고 남학생들과 함께 춤을 추었다.

기념식이 끝나자 학생들의 퍼레이드가 있었다.

각 학교별로 기수, 지휘봉을 든 여학생, 교사, 나머지 학생, 그리고 마지막으로 타악기를 치는 학생들의 순으로 행진을 했다.

모든 교사들이 행진에 참가하기 위해서 정장을 하고 이곳으로 왔다. 여교사들은 유니폼, 남교사들은 넥타이를 맨 정장 차림이다. 졸업식에 참석하지 않았던 프레디의 정장 모습은 처음이다.

도로 양 옆으로 학생들의 부모, 가족, 구경 나온 주민들로 가득 찼다.

모처럼 우리 동네가 잔치 분위기가 되었다.

유니폼을 입은 유치원쯤 되어 보이는 아이와 그 동생인 듯한 아이가 행사장에 앉아 있는 모습이 너무 귀엽다.

이곳 파라과이 부모들도 어린 자녀에게는 지극정성이다.

행사 장면을 담아 교장에게 CD로 만들어 줄 생각으로 열심히 찍었다.

거의 끝날 무렵 비가 오기 시작해서 부랴부랴 집으로 돌아왔다.

성년식 파티

파라과이에 온 지 1년 3개월, 6월 10일

동료교사인 로시가 며칠 전부터 자기 딸 성년식(Fiesta de quince año)이 토요일에 있으니 참석해 달라고 했다. 이런 행사에 참석해 볼 기회가 적을 것 같아 흔쾌히 가겠다고 승낙했다.

남미 모든 나라에 이런 행사가 있는지 모르지만, 파라과이에서는 만 15세가 되는 생일날 여자아이에게 성인식을 마련해 주며 축하해 준다. 내 생각이지만, 인구가 적은 파라과이에서는 조금은 이른 나이에 성인식을 치르게 함으로써 조혼을 조장하는 것이 아닌가 하는 생각이 든다. 왜냐하면 10대 후반, 20대 초반에 결혼하거나 아이를 낳아 가정을 꾸리는 것을 이곳에서는 자연스럽게 여기고 있는 것 같기 때문이다.

물론 이곳에서도 부유한 집안에서는 아이를 일찍 낳지 않고, 자녀의 수도 한두 명 정도로 두고 있는 가정이 많다고 한다.

우리 집주인은 딸이 하나인데 우리 교장은 자녀가 8명이나 된다.

성년식은 저녁 6시나 7시쯤에 성당에 가서 한 시간 정도 예배를 보고 난 후 축제 장소로 이동한단다. 그곳에서 간단한 의식과 저녁식사 그리고 밤새도록 춤을 추면서 논다. 흥이 가라 않지 않으면 다음 날 해가 뜰 때까지 이 분위기를 즐긴다고 한다.

로시는 돌아가신 아버지 대부터 사채놀이를 해서 많은 돈을 벌었다고 프레디가 내게 귀띔 해 주었다.

장소는 우리 학교 졸업식을 했던 시청 뒤 행사장. 프레디가 밤 9시경에 여자 친구와 함께 우리 집에 왔다. 나도 정장을 하고 프레디의 승용차를 타고 행사장에 갔다. 평소에는 입지 않은 정장 차림의 신사숙녀가 모두 모였다.

사람들의 옷차림에서 파티 문화를 즐기는 민족임을 알 수 있었고, 그럴 능력이 안 되는 사람은 참석도 못 하겠다는 생각이 들었다.

주인공인 로시의 딸은 파라과이 민속무용 단체에서 프레디와 함께 활동하고 있는데, 얼마 전 브라질에도 공연을 갔다 왔다고 한다.

입구에서 주인공이 나와서 인사를 한다.

주위의 알록달록 화려한 조명 색깔이 무슨 궁전에 온 것 같았다.

기념사진을 찍고 안에 들어가니 넓은 홀이 흡사 결혼식장처럼 꾸며져 있었고 2인조 밴드가 계속 음악을 연주하고 있었다. 식이 시작되자 주인공이 단상에서 내려와 동화 속 공주가 타는 마차 같은 곳에 올라 앉자 그의 아버지가 다가와 인사를 하고 그의 신을 벗기고 굽이 높은 하이힐을 신긴다. 이제 성인이 되었음을 알리는 증표인 것 같았다. 그리고 아버지와 중앙에서 멋진 춤을 추어 하객들의 박수를 받는다. 다음으로 가까운 친척, 그리고 사촌, 학교 친구들이 장미 한 송이씩 들고 나와 주면서 간단하게 춤을 춘다. 마지막으로 원하는 하객과 함께 춤을 추면서 분위기를 이어 나간다.

밤 11시경에 식사인 아사도가 나왔다.

식사를 마치자 멕시코 악단 5명이 나오면서 음악을 연주한다. 주인공과 함께 식탁을 돌면서 음악을 연주하며 축하해 준다. 마치 우리의 결혼식을 보는 것 같았다.

새벽 한시가 되니 악단들은 들어가고 파라과이 음악이 앰프를 통해 나오자 하객들이 나와서 성년이 된 주인공을 축하하며 춤을 추는데 그 자리에는 주인공의 친구인 고등학생도 있고, 할아버지, 할머니 그야말로 남녀노소가 함께 어울려 춤을 춘다. 공통점은 반드시 남녀가 같이 나와서 춘다는 것이다. 그래서 초대받아 올 때에는 남녀가 정장을 하고 함께 참석한다는 것이다. 앉아 있던 프레디가 함께 온 여자 친구와 함께 나가서 춤을 춘다.

주위를 돌아보다가 새벽 두 시경에 프레디에게 인사를 하고 나왔다.

밖에서 보낸 가장 늦은 시간이었지만, 나에게는 새로운 경험이었다. 먹고, 마시며 밤새 춤추고 노는 파라과이 문화를 가까이에서 접해 볼 수 있는 기회는 좋았으나, 조금은 씁쓸한 느낌이다. 너무 사치스럽고, 아이를 위한 행사에 지나친 낭비는 아닌지…

저학년 어린이들의 민속의 날 기념 공연

친구의 날

파라과이에 온 지 1년 5개월, 7월 31일

오전에 학교에 가니 교감이 축하한다면서 파라과이식 인사(Beso)를 한다. 오늘이 '친구의 날(Dia del amigo)'이라는 것이다.

교장은 새로 산 이동식 앰프 두 세트를 내게 자랑을 한다. 또 팩스 전화기도 구입했다고 한다. 1학기 말에 있었던 '산 후앙(San Juan)' 축제 기금으로 준비했는데 무선 마이크도 두 개 샀다고 자랑하면서 내게 시험해 보라고 한다.

나는 마이크로 몇 마디 시험하고 〈베사메무쵸(Besame Mucho)〉를 목청껏 높여 불러 재꼈다.

아이들은 등교하지 않았고, 파업에 참가하지 않은 교사들이 교실에서 나와서 박수를 친다.

교장은 오늘 '친구의 날'이라 점심에 아사도를 준비했으니 식사하고 가라고 한다. 나는 교사들의 파업농성 모습이 궁금했다. 교장에게 장소를 물어 교사들이 있는 곳에 갔더니 학교별로 군데군데 모여 앉아 테레레를 마시면서 환담을 하고 있었다.

어느 교사가 내일 아순시온에 농성하러 가니 나와 같이 가자고 한다. 만약 내가 거기에 가면 KOICA에서 바로 한국으로 보낸다고 하니, 모자를 쓰고 수염도 달고 변장을 해서 같이 가자고 해서 한참 웃었다.

농성 장소가 센트로여서 근처 달러 환전하는 곳을 찾아가서 환전과 함께 그동안 밀린 전기료 62만 과라니를 지불했다.

집주인은 사람은 착하긴 한데 책임의식이 부족한 사람이다.

나는 매월 꼬박꼬박 집세를 지불하는데 집세 속에 포함되어 있는 인터넷비를 안 내는 경우가 많아 인터넷이 끊긴 경우가 있고, 지금은 전기료를 몇 달이나 밀려 그새 60만 과라니가 넘었다.

그래서 생각다 못해 오늘 달러로 지불하는 월세를 주지 않고 월세 중 150달러를 환전해서 전기료를 지불하고 영수증과 함께 나머지를 지불할 예정이다.

점심에 아사도를 먹을 생각에 학교에 가면서 콜라 큰 것을 사가지고 갔다.

아사도는 원래 숯불에 천천히 구워서 익히는 것인데, 오늘 먹은 고기는 오븐에 구워서인지 내 입맛에는 전에 먹던 맛과 달리 부드러운 맛이 있었다.

약간 삶은 맛이 나고 짜지 않고 태우지 않아 더욱 맛이 있었다.

오후 2시 30분경, 공설 운동장에 여러 학교 남교사들이 모였다. 두 팀으로 나누어 축구를 하는데 오늘 최고기온이 섭씨 31도다. 더위에 익숙한 사람들이라 웃옷을 벗어 던지고 축구를 한다.

전후반 각각 15분씩 하고 조금 쉬더니 한 게임 더 뛴다고 경기장으로 들어가는 것을 보고 나는 집으로 왔다.

그들은 오늘 진정한 '친구의 날'을 보내고 있었다.

어린이날 선물

파라과이에 온 지 1년 5개월, 8월 17일

오늘은 파라과이에서 두 번째 맞이하는 어린이날(dia del niño)이다.

며칠 전 교장과 '현장사업' 관계로 아순시온에 가서 학교에서 요긴하게 쓸 잔디 깎는 기계와 저학년 아이들의 놀이기구(la hamaca)를 구입했다. 마침, 어린이날을 앞두고 있어서 좋은 선물이 될 수 있을 것 같았다.

오래 전부터 교사들에게 어린이날에 마술(Magia)을 준비해서 보여주겠다고 약속했다.

사실, 한국 KOICA 훈련원에서 한 달 동안 합숙 훈련할 때 배운 것들 중 마술이 있었는데, 많이 잊어버리고 아는 것 몇 가지를 해 볼 요량으로 집에서 연습해 왔다. 아이들은 이런 기회를 많이 접해보지 못했을 것 같아 신기해 할 것 같았기 때문이다.

9시쯤에 무대가 꾸며져서 흥겨운 음악이 나오고, 사회자가 고학년 중심으로 구성된 춤을 소개하는데 교장이 다음에 마술을 하라고 한다. 전에 아순시온에서 사온 분장용 안경과 카우보이모자를 쓰고 정장을 한 채 마술 4가지 도구를 가지고 무대에 나갔다. 평소와는 다른,

망가진 나의 모습에 아이들은 즐거워한다.

그동안 오전반 아이들에게 지도한 한국 인사, '안녕하세요? 반갑습니다'를 선창하고, 따라서 인사를 하게 했다.

그리고 네 가지 마술을 했다.

처음에 동전 마술을 했는데 실수를 해서 아이들에게 박수를 유도하고 다시 시도를 했다. 아이들이 끝까지 기다려 주었다. 동전 마술, 노끈 마술, 담배 마술을 끝내고 마지막 하이라이트 '물이 사라지는 마술'을 했다.

아이 3명을 무대로 올라오라고 하고 보는 앞에서 빈 플라스틱 물병에 물을 반 받아오라고 했다. 미리 준비한 컵에 물을 4분의 1쯤 받아서 머리에 이고 제자리에서 한 바퀴 돌고 나서 머리에 이고 있는 물컵을 비우면 물이 흔적도 없이 사라지는 마술이었다.

아이들은 물론이고 교사들까지 신기해했다.

나 하나 조금 망가져서 어린이들에게 즐거운 웃음을 줄 수 있다면 이 또한 파라과이에 온 목적이 아니겠는가 생각하면서, 마술을 마치기 전 한국에서 준비해 온 동전 세트와 고무풍선을 무작위로 아이들에게 선물했다.

아이들과 교사, 그리고 학부모들의 많은 박수를 받는 순간, 오늘의 마술이 성공했다는 느낌을 받았다.

1부 축제가 끝날 무렵 아이들의 시선이 운동장 쪽으로 쏠린다.

운동장에서는 대형 풍선에 공기를 넣는 작업이 진행 중이었다. 교장이 오늘을 위해 2시간 동안 대여한 놀이기구 3종 세트가 준비되었다.

나는 '아이들이 무척 좋아하는 이벤트지만, 일회성 경비로 너무 많이 지출하는 것이 아닌가?' 하고 생각했다.

수명이 다된 형광등을 갈아 끼우지 못해, 어두운 교실에서 공부해야 하는 아이들을 생각하면서…

　11시 가까이 되자 아이들은 모두 교실로 들어가 학부모들이 준비한 음식을 먹고, 학급에 따라서는 다양한 선물을 받으며 즐거워하고 있었다.

　이곳 어린이들은 '더도 말고 덜도 말고 늘 오늘만 같아라' 하는 것 같았다. 어린이날 행사는 한국이나 이곳 파라과이나 비슷하게 진행된다. 학부모들이 준비한 간식이나 음료수를 아이들에게 제공하는 것도 비슷하다. 오늘 어린이들이 즐거워하는 것처럼 항상 웃으며 밝게 자라기를…

어린이날 기념 마술
공연 장면

공연을 마친 4학년 어린이들과 함께

민속의 날

파라과이에 온 지 1년 6개월, 8월 23일

파라과이에는 우리의 '어린이 날', '스승의 날'과 같이 특정한 날을 기념하는 날들이 너무 많다.

오늘은 '민속의 날(Dia del Folklore)'이라고 해서 '떼레레', '민속춤(Danza de Paraguaya)', '과라니 어' 등과 같이 파라과이 사람들이 옛날부터 지켜 내려오는 풍습이나 문화를 기리는 날이라고 한다.

아침부터 각 교실에서는 무척 분주하다. 조금 뒤에 있을 무대에 올리기 위한 무용 연습이 한창이기 때문이다.

오전 8시경, 무대가 꾸며졌고, 아이들이 교실에서 책걸상을 들고 야외무대 쪽으로 나온다. 무대에 오르는 아이들은 모두 전통 복장으로 얼굴에 화장을 하고…

나를 보자 3학년 남자아이들이 달려와 내 이름을 부르며 내게 안긴다. 무척 귀여운 아이들이다.

아이들이 공연하는 장면을 교장, 교감 그리고 고학년 담당교사, 이렇게 3명이 심사를 보고 있다. 나름대로 열심히 연습하고 무대에 올라왔지만 민속무용이 대부분이다. 그들은 이 민속무용을 긍지를 가지고 자랑스럽게 추고 있는 듯하다.

역시 1, 2, 3학년 저학년 아이들의 공연이 귀엽기만 하다.

내일은 공연 모습 사진을 출력해서 아이들에게 나누어 주어야겠다. 아이들을 위한 선물 중에 가장 인상적인 것은 점심식사를 위한 급식실 시설이다.

아이들의 위생적인 식생활 개선을 위해 새롭게 꾸며진 급식실의 탁자, 의자, 조리대, 선반 등은 대한민국 정부에서 나와 KOICA를 통해 선물한 것이다. 그 전에는 이곳이 음식 재료들만 그득 쌓여 있는 창고였기 때문에 아이들은 식사할 곳이 없어 바깥 복도 바닥에 주저앉아 식사를 하거나, 운동장 나무그늘까지 가지고 가서 식사를 해야 했는데 이제는 아늑한 급식실에서 식사를 할 수 있게 되었다.

지금 갑자기 어두워지면서 바람이 강하게 불어온다.

일기예보로는 우리 동네가 오늘 낮 최고기온이 35도, 그러나 밤에는 8도까지 떨어진다. 반팔 입고 출근했으나 그것도 더워서 혼났는데… 밤부터 비가 오면서 며칠 더웠던 날씨가 갑자기 추워질 모양이다.

파라과이에서 건강을 유지하는 것 중의 하나가 기온 변화에 잘 적응하는 것이다.

단원들 이야기

단원들이 지닌 능력과 재능이 파라과이 사람들에게 감동을 주기에 충분했고, 한국 사람들의 저력을 보여 주는 것 같아 나까지도 가슴 뿌듯함을 느낄 수 있었다.

비를 맞으며 집 지어 주기 봉사활동 모습

집 지어 주기 봉사활동

파라과이에 온 지 1개월, 4월 8일

　파라과이 국민 90% 이상이 카톨릭 신자라고 한다.
　이번 주가 세마나 산타(Semana Santa) 주간이라 4월 4일(수)부터 8일(일)까지 연휴가 계속 된다. 마치 우리의 설날과 같은 분위기이다.
　이곳 사람들은 명절에 우리처럼 차례를 지내지는 않지만 상점들이 문을 닫으니까 연휴 동안 먹을 것, 쓸 물건들을 사느라 사람들로 붐빈다. 우리의 설날 시장 분위기와 같다.
　4일은 대학도 문을 닫지만, 우리는 대학원 건물을 이용해서 현지어 수업을 오전만 했다.
　연휴 동안 우리는 2일간 '때쵸(Techo)'라는 곳에서 주관하는 '집 지어 주기' 봉사활동에 참가했다. 이곳 파라과이 대학생들과 인근에 있는 젊은이들이 모여 어려운 가정을 대상으로 집을 지어 주는 의미 있는 행사였다.
　문자 그대로 봉사활동이었다. 진정한 봉사활동을 이곳에서 처음 경험했다. 교통편, 숙소, 음식, 화장실 등 어느 것 하나 우리 봉사자들을 위한 것이 없었다.

우리는 저녁 7시에 집합 장소에 모여 참가비(3만 과라니)를 각자 내고 등록을 했다.

그리고 밤 10시 간단하게 출정식을 한 후 우리는 버스에 올랐다. 일할 곳까지 데려다 주는 교통수단은 시내버스였다. 밤 11시에 도착해서 '친교의 시간'을 지내고 빵과 음료로 간단히 저녁을 해결한 뒤 새벽 1시가 넘어서야 우리는 잠자리에 들 수 있었다.

숙소는 비가 새서 천장과 바닥이 엉망인 초등학교 교실이었다. 남녀와 노소가 같이 한 교실에서 자야 했고, 침낭은 각자 지참했다. 한국에서 가져 온 새 침낭을 처음으로 사용했으나, 이튿날 교실 바닥에서 묻은 껌을 떼느라 한동안 소란을 피워야 했다.

이튿날 아침 6시에 기상하여 딱딱하고 마른 바게트 빵 같은 것 몇 조각, 바나나와 요구르트를 섞어서 갈은 것으로 아침을 해결한 뒤, 7시에 숙소를 출발해서 8시경부터 집짓는 일을 시작했다.

우리는 5명이 한 조가 되어 이틀 동안 집 한 채를 지어야 한다. 내가 속한 팀은 파라과이 대학생 3명, 고등학생 한 명 그리고 나 이렇게 5명이다.

집을 짓기 위해서는 우선 자로 정확한 위치를 측량해야 한다. 그리고 가로 5개, 세로 3개 총 15개의 지주를 박는다. 지주는 통나무를 1~1.5m 정도로 잘라서 땅을 파고 묻는데 지주의 수평 맞추는 작업이 쉽지 않았다.

땅을 팔 때 처음에는 길쭉한 삽(직사각형의 조각칼과 비슷하다)으로 찍어서 판 뒤 가위 원리를 이용하여 만든 집게처럼 생긴 도구로 땅을 찍어서 벌리면 흙이 담긴다. 그런 후 들어서 밖에 쏟고 다시 오므려 찍기를 반복한다. 이곳 흙은 빨간 황토 흙이지만 모래가 섞여서 파는데 그

다지 어렵지 않았다.

　첫째 날 점심은 스파게티와 빵, 그리고 2리터들이 코카콜라 1병 반. 건조한 빵을 스파게티 소스에 찍어 먹으니 먹을 만했다.

　오후에 갑자기 비가 왔다. 오전에는 너무 더워서 괴로웠는데 그나마 시원했다. 그러나 비바람이 몰아치고 굵은 빗줄기로 인해 오슬오슬 추워지기도 했다.

　이튿날은 15개의 지주에 각목으로 연결하여 집터 바닥의 기초를 마련한 뒤 그 위에 미리 준비한 4개의 벽면과 지붕을 올려 완성하는 작업을 했다.

　우선, 가는 호수 관에다 물을 채워 그것을 이용해서 수평을 맞추고, 실을 이용해서 어제 작업한 지주의 수직 상태를 점검했다. 그 뒤 미리 짜 놓은 틀을 조립하여 15개의 지주 위에 세워야 하는데 이때에도 수평이 제대로 맞지 않아 애를 먹었다.

　집주인은 현재, 천막으로 지은 집에 침대, 주방용품 그리고 바닥은 맨땅인 곳에서 살고 있다.

　화장실은 집 뒤에 있는데 말로 표현이 안 될 듯싶다.

　아이들은 맨발로 뛰어다녔다. 가지고 간 초콜릿을 잘라서 나누어 주니 금방 친해졌다. '프랑코', '프랑코' 나를 부르는 아이들의 소리가 정겨웠다.

　어두워져서야 작업이 끝나고 집주인과 함께 간단한 입주식을 갖고 우리의 활동을 마감했다.

　이번 활동 중에서 가장 힘든 것은 땀에 젖은 몸을 씻지 못하는 것이었다. 밖에 서 있는 것만으로도 땀이 줄줄 흐르는데 땅 파고, 나르고, 세우고, 박느라 엉망이 된 몸을 이틀 동안 화장실 옆, 간이 세면대에서

쫄쫄 나오는 물로 세수와 머리를 적시는 것으로 만족해야 했다.

2박 3일간의 힘든 육체적 노동이었지만 집이 없어 움막집에서 기거하며 어려운 생활을 하고 있는 원주민에게 조립식 주택이지만 한 채 선물한 것에 큰 보람을 느끼는 한편 이런 집을 얻기 위해 몇 년 전에 신청해서 오늘 그 결실을 맺은 입주민 가족들은 우리들의 고마움을 알고 나름대로 열심히 살아갈 것이라고 생각하면서 며칠 동안 땀띠로 온몸이 붉게 물들었지만, 지나고 나니 파라과이 젊은이들과 함께한 시간이 내게는 큰 경험이었고 어려운 이웃에게 도움을 주었다는 성취감으로 서로를 위로하며 돌아오는데 우리와 같이 이틀 동안 동고동락했던 현지 봉사단원들이 멀리서 손을 흔들어 준다.

이들은 낼 모레까지 또 한 채씩을 더 짓는단다.

이들 젊은 봉사자들을 통해 파라과이의 밝은 앞날을 기대해 본다.

'한국'을 심는 봉사단원들

파라과이에 온 지 5개월, 7월 28일

'삐라쥬(Pirayu)'라는 도시에서 봉사하고 있는 선배 단원이 컴퓨터실을 개관하여 어제(7. 27) 기증식을 가졌다.

우리 단원들은 기관에 근무하면서 주민들을 위해 꼭 필요한 물품이나 시설이 무엇인가를 고민하고 기관장과 구성원, 그리고 주민들의 의견을 반영하여 현지사무소를 거쳐 한국에 요구한다. 그러면 현지사무소와 한국 본부에서 타당성과 필요성 등을 검토하고 예산을 지출하면 우리 봉사자들이 현지인과 함께 그 사업을 추진하고 기증식을 갖고 사업 결과를 사무소와 한국에 보고하는 과정이 '현장사업'이다.

나도 내년에 있을 현장사업을 위해 선배 단원의 기증식을 참고하기 위해서, 또 우리 동기 단원의 활동을 보기 위해 이 도시에 왔다.

버스를 세 번이나 갈아타고 간 보람이 있어 이곳 선배 단원의 그동안 노고를 한눈에 짐작해 볼 수 있었다.

규모는 작지만 주민들의 정보화 교육을 위해 아담하게 꾸며진 컴퓨터실의 이모저모를 보면서 계획에서 업무 진행 그리고 오늘의 기증식이 있기까지 많은 노력을 기울였다는 것을 곳곳에서 느낄 수 있었다.

태권도 단원의 시범 장면

사무소 소장님과 기관장, 관리요원, 내빈, 그리고 각처에서 온 우리 봉사단원들이 참석한 가운데 기증식이 진행되었다.

기증식이 끝나고 식후 행사로 태권도 시범, 사물놀이(각 분야에서 활동하는 단원들이 틈틈이 모여서 연습한 것), 파라과이 민속무용 그리고 우리 동기이면서, 나와 룸메이트였던 단원이 짧은 기간 동안 연습해서 훌륭하게 연주 지휘를 하고 있는 오케스트라…

단원들이 지닌 능력과 재능이 파라과이 사람들에게 감동을 주기에 충분했고, 한국 사람들의 저력을 보여 주는 것 같아 나까지도 가슴 뿌듯함을 느낄 수 있었다.

봉사단원 현지평가회의

파라과이에 온 지 6개월, 9월 8일

　우리 단원들이 각 지역에서 하고 있는 활동을 점검하고, 보다 나은 활동을 위한 'KOICA 봉사단원 현지평가'가 1년에 한 번씩 있는데, 우리 기수는 운 좋게 1년이 안 되었는데 선배 기수들과 함께 이번 현지평가회의에 참가하게 되었다.

　9월 6~7일 이틀간 회의를 갖게 되는데 멀리 있는 지방 단원들이 일정에 맞추어 참석할 수 있도록 하루 전에 호텔에 투숙할 수 있게 배려해 주었다. 그래서 나도 5일 오후에 우리 마을에서 버스를 타고 아순시온까지 가서 5블록을 걸어 호텔을 찾아갔다.

　나는 2시간 정도면 아순시온에 오게 되지만 대여섯 시간씩 타고 오는 단원들도 있다. 버스비만 왕복 12만 과라니가 드는 단원도 있는데, 그래서 아순시온에도 자주 올 수 없게 되는 이유가 되기도 한단다.

　오랜만에 호텔에 들어와서인지, 주위 조경, 객실 상태 등 모든 것이 좋았다.

　이튿날 사무소 측에서 마련한 버스를 타고 회의 장소로 갔다. 그 곳은 넓은 정원이 있고 정원수들도 잘 가꾸어져 있었다.

오전에는 우리의 활동을 점검하고 애로사항, 우수사례 등을 찾아보고, 오후에는 이를 정리하여 발표하는 시간을 가졌다.

내가 속해 있는 초등교육도 유아교육 분야 단원들과 함께 머리를 맞대고 현지 기관에서 활동 중에 있었던 우수사례와 애로사항 등을 찾고 정리하기에 바쁜 시간을 보냈다.

오후에는 새로 파라과이에 파견된 신입 단원(72기) 17명의 소개도 있었다.

이곳에 온 지 벌써 6개월째인 나는 세월이 흐르고 있다는 것을 실감했다. 이렇게 후배 단원들이 늘어나고 있다는 것으로…

그날 저녁에는 연수원 정원에서 조촐한 가든파티를 가졌다.

파라과이 전역에서 활동하고 있는 우리 단원들이 오늘 이 즐거운 분위기로 그동안 쌓였던 피로와 스트레스를 많이 날려 버렸으리라.

이튿날은 선배 단원(59기)과 후배 단원(72기)들이 한데 모여 가벼운 레크리에이션과 체육 활동을 했다. 재미로 하는 활동이지만 조별로 점수를 주어서 나중에 상품을 주었는데 우리는 상품으로 라면 3개와 과자 1봉지를 받았다.

점심은 중국식 뷔페를 먹고 우리는 또 아쉬운 작별을 하고 각자 집으로 돌아왔다. 아순시온을 포함해 가까운 임지에 있는 단원들은 귀가하고, 먼 지방에 있는 단원들은 하루 더 호텔에 묵을 수 있게 해 주었다.

평가회의를 마치고 우리 동네로 가는 버스를 탔는데 자리가 없어 내내 서서 와서 피곤은 했지만, 마음은 무척 가벼웠다.

2박 3일간 마치 동남아에 여행 온 듯한 느낌으로 그동안 쌓인 피로가 이틀간 싹 풀리는 듯했다.

KOICA 농장을 가다

파라과이에 온 지 8개월, 11월 15일

지난 13일(화)에는 으브꾸이(Ybycui)에 있는 KOICA농장을 방문했다.

이 농장은 10년 전 파라과이 정부와 체결하여 18만 평의 넓은 농지에 KOICA에서 건물과 농기구 장비를 들여와서 파라과이 국민들에게 농업기술과 방법을 전수해 주고 있다. 개발 초기에 KOICA에서 13채의 주택과 기반 여건을 조성하여 현지인들의 참여와 열정을 기대했었는데 기대와는 달리 지금은 거의 떠나고 현재는 두개의 협동조합과 다국적 기업이 들어와 농사를 짓고 있다고 한다. 주로 토마토, 피망, 오이, 양파 등 농작물이 대부분으로, 현지인들에게 크게 보탬이 되고 있다고 한다.

우리 집에서 버스로 세 시간 정도 걸리는데, 큰길가 농장 입구에 반가운 한글 간판이 눈에 선명하게 들어왔다.

오늘이 이곳 농장을 세운 지 10주년이 되어 현지인과 우리 봉사자들이 모여 조촐한 자리를 마련한다고 한다. 식사를 하기 전 간단하게 인사를 하고 우리는 그들이 마련한 점심을 먹었다. 점심이라야 아사도에 볶음밥 정도이지만, 멀리서 온 우리 단원들과 함께하는 식사는

KOICA 농장 안내판

집보다 색다른 것이었다.

　우리는 농장 이곳저곳을 돌아보았는데 현지인들이 거주하면서 농장 일을 하고 있었다. 그들의 노력으로 농작물들이 풍성하게 자라는 것을 보고 이렇게 노력하면 파라과이도 머지않아 다른 나라 도움 없이도 자립할 수 있겠다는 생각을 했다.

> **KOICA 뉴스(2002. 11. 19)에서 인용**
>
> 한국국제협력단이 프로젝트 사업으로 추진하는 파라과이 농촌개발시범사업의 농장(면적 31ha) 개소식이 2002. 11. 12(화) 현지에서 가졌다.
>
> 시범농장이 한·파 수교 40주년에 개소되어 한·파 우호를 상징함과 동시에 양국간의 협력관계를 더욱 증진시키는 계기가 될 것임을 언급하고 동 시범농장이 1970년대에 한국에서 농촌 잘 살기 운동으로 큰 성과를 거두어 국제적으로 많은 주목을 받았던 "새마을운동"을 파라과이에 전수시키기 위해 우리 정부가 의욕적으로 추진한 사업이므로 동 시범농장이 이브꾸이 농민들의 소득향상에 기여할 뿐만 아니라 전국적인 농촌 잘 살기 운동으로 확산되어 파라과이 농업 현대화의 모델이 되어주기를 당부했다. 아울러 동 시범농장이 성공적으로 운영되기를 바라며 파라과이 농민들이 양질의 야채를 재배, 생산하여 브라질, 아르헨티나로부터 수입되는 야채에 대한 수입 대체 효과가 있기를 기대한다고 했다.

낀드 지역 청년들과의 봉사 활동

파라과이에 온 지 1년, 3월 3일

내가 파라과이에 온 지 오늘로 꼭 1년이 되는 날이다.

세월은 1년이나 지났지만 나는 별로 변한 것이 없는 것 같다. 현지어는 늘 버벅거리고, 현지인들과의 관계도 그렇고, 매일 오전에 한국에서 방송되는 밤 9시 뉴스 보는 것을 유일한 낙으로 삼아왔다.

이제 새로운 날들은 정말 보람 있고, 현지인들이 더욱 좋아하고, 그리고 후회 없는 1년을 보내야겠다고 스스로에게 다짐해 본다.

이제 긴 겨울방학이 끝나고 다음 주부터 2013학년도가 시작된다. 그동안 방학으로 인해 보지 못했던 아이들과 만나게 되고, 다양한 교육 활동이 전개되는 새로운 학년도가 기대된다.

지난 28일(목)에는 우리 동료 단원이 활동하는 낀드(Quindy) 지역에 다녀왔다. 우리 기수의 국장을 맡은 단원이 낀드 지역에서 활동하는데 그동안 그 지역의 청년들과 봉사단체를 조직해서 매주 목요일 저녁마다 모여 동네의 이곳저곳을 돌며 휴지와 쓰레기를 주우며 봉사활동을 하고 있었다고 한다. 3월이 되면, 이 단원은 독서클럽을 운영하여 책 읽는 분위기를 조성하고자 한다는 것이다.

이때 소요되는 경비는 동네의 가게나 유관기관을 돌며 조금씩 찬조금을 모아서 이용하고, 이것으로 티셔츠를 만들어 입게 하여 소속감, 협동심 등을 동네 청년들에게 심어 주고 있다고 한다.

자랑스러웠다.

단원의 업무만으로도 많은 시간과 어려움이 있었을 텐데, 개성이 강한 이곳 청년들을 모아 또 다른 봉사단체를 조직해서 활동하는 것이 쉽지 않을 텐데…

덕분에 나도 잠시 낀드 청년의 일원이 되어 그들의 활동에 동참하고 돌아왔다.

내가 살고 있는 누에바 이탈리아도 그렇지만, 이곳도 사람들이 휴지나 쓰레기를 어디서든 아무렇게나 떳떳하게(?) 버린다. 특히, 비닐봉지는 잘 썩지 않고 바람에 잘 날아다니기 때문에 어디에서나 쓰레기 처리에 골칫거리다. 줍는 사람 없이 버리는 사람만 많기 때문에 주위는 점점 더 지저분해진다. 이것을 동네 청년들이 주축이 되어 동네 청소에 나서게 된 것이다.

이런 동네 문제를 인식하고 해결해 보고자 나선 낀드 청년들에게 박수를 보낸다. 그리고 무엇보다 그런 문제의식을 지역 주민들에게 일깨워 주고 행동으로 나서게 한 우리 청년 단원에게 아낌없는 격려를 보낸다.

파견 1주년 동기 모임

파라과이에 온 지 1년, 3월 18일

어느덧 파라과이에 온 지 1년이 지나간다.

작년 이맘때 현지에 적응하기 위해 호텔에 투숙해서 현지어와 파라과이 문화를 공부했었는데…

파견 1주년을 기념하기 위해 특별히 현지사무소 소장님께서 우리 동기들을 불러서 식사를 함께하게 되었다. 감회가 새로웠다.

단원 한 명이 작년 이맘때 우리들이 처음 파라과이에 왔을 때 찍은 단체사진을 가져왔다. 지금과 비교해 보니, 일 년 전에는 모두 파릇파릇해(?) 보였다. 공통적으로 모두 피부색이 현지인들을 닮아가고 있다.

식사를 하고 난 뒤, 우리들은 그동안 기관에서 활동하면서 느낀 점, 그리고 남은 활동 계획 등, 각자 떨어져 하지 못한 말들을 나누었다. 공식적인 자리가 아닌 만큼 각자가 기관이나 현지에서 보고 듣고 느낀 것들을 부담 없이 털어 놓는 자리인지라 각자 하고 싶은 얘기들이 많은 듯 대화가 끊어지지 않고 이어진다.

젊은 단원들이 많은 관계로 나는 안전에 관한 내용으로 말을 시작했다.

"우리가 처음 왔을 때는 모든 것이 새롭고, 긴장되어 적응이 잘 되지 않아 매사 조심히 행동하고 긴장해 왔는데, 이제 이곳 생활도 1년이 되어 어느 정도 현지 생활에 적응도 하고 현지인들과의 관계도 원만하고 언어도 어느 정도 소통이 되어 행동에 대해서도 긴장을 풀 수 있게 되었다. 나는 지금부터가 더욱 조심해야 할 시기라고 생각한다. 마치 수영을 전혀 하지 못한 사람은 익사사고가 나지 않으나, 수영을 조금 할 줄 아는 사람이 물에 대한 경계심을 풀고 겁 없이 뛰어들기 때문에 사고가 나는 것처럼 우리도 지금부터 파라과이를 떠날 때까지 긴장을 늦추어서는 안된다"라고 말하자 많은 단원들이 고개를 끄덕이고 있었다.

대화가 끝나고 남은 활동 계획 등, 각자 떨어져 있어 하지 못한 말들을 나누었다. 소장님과 부소장님, 관리요원 3명, 그리고 우리 단원 13명과 함께 기념촬영 하는 것으로 아쉬운 시간을 마쳤다.

오늘의 자리를 마련해 주신 소장님께 감사드리고, 남은 1년을 무사히, 성공적으로 맡은 임무를 수행하기로 약속하고 숙소로 돌아왔다.

호텔로 돌아온 우리 13명은 간단한 음료를 마시며, 그동안 못했던 이야기로 밤을 보냈다.

가장 힘든 1년을 보냈을 우리 단원들.

그러나 한 명도 낙오되지 않고 주어진 환경에 적응하려고 노력했을 단원들을 생각하니 기특하기도 하고 대견하기도 하였다.

이제 남은 1년 동안 우리들에게 주어진 일에 최선을 다하자고 다짐하면서 그들의 어깨를 두드려 주었다.

단원들의 깜짝 공연

파라과이에 온 지 1년 2개월, 5월 12일

음악 분야 단원 중심으로 깜짝 공연이 있다고 해서 어제 아순시온에 갔다.

오후 1시와 3시 공연이 예정되어 있어서 새로 오신 시니어 단원과 중장기자문단 한 분, 이렇게 셋이서 센트로에 나갔다. 매주 토요일, 아순시온 중심가 센트로에는 각종 공연과 벼룩시장이 선다고 해서 좀 일찍 나갔는데 평소보다 사람들이 많이 나왔다. 공연도 하고, 거리 화가가 그림도 그리고, 종교단체에서 나와서 홍보도 하고 원주민이 직접 짠 매듭이나 가방 등을 팔고…

3시 임박해서 정해진 백화점에 갔더니 전국에 흩어져 있던 단원들이 모여 있었다.

음악 단원을 중심으로 현지인들과 함께 공연이 시작되었다. 아리랑을 공연하는데 과거에 보던 느낌과는 사뭇 달랐다. 지구 반대쪽 나라 중심가에서 느리게 울려 퍼지는 아리랑. 이 노래를 통해 우리는 얼마나 많은 감정을 표현하면서 살아왔을까. 아리랑 속에는 우리 민족 고유의 얼이 담겨 있다는 것이 사실일 것 같다.

　토요일 오후 백화점이라고 해도 이곳은 우리나라처럼 사람들이 많지 않기 때문에 공연장 주변에 벌떼처럼 몰리지 않았지만 2층, 3층, 4층에서 많은 사람들이 내려다보며 관람하고 있었다. 단원들이 그동안 틈틈이 연습해 오던 곡을 현지인들과 함께 어울려서 즉흥적으로 그리고 자발적으로 이루어진 이런 공연을 통해 우리나라를 현지인들에게 알릴 수 있는 계기가 되었다고 생각하니 오늘의 공연은 대성공이었다.

　원래는 한 곡으로 끝날 예정이었지만, 관객들의 요청에 의해 앵콜 공연을 하여 주위 많은 사람들로부터 큰 박수를 받았다. 단원들의 노력과 용기에 큰 박수를 보냈다.

이웃돕기 바자회에 가던 날

파라과이에 온 지 1년 9개월, 12월 17일

우리 단원이 어려운 처지에 있는 이웃 가족을 돕기 위해 아순시온에서 바자회를 갖기로 했다고 한다. 그래서 깨끗한 헌옷과 내가 쓰던 다리미 그리고 인터넷 설치할 때 40만 과라니를 주고 샀으나 지금은 쓰지 않는 컴퓨터 공유기(Rauter)를 가지고 아순시온으로 갔다. 장소는 대통령 궁 뒤 켠 파라과이 강 언덕이었는데 작년 파라과이에 왔을 때 현지 스페인어 선생이 이곳은 빈민가로 불량아가 많은 곳이라 절대 내려가면 안 된다는 얘기를 들은 적이 있어 망설였는데, 오늘 실제로 와 보니 모두 정비가 되어 깨끗한 환경으로 조성되어 있었다. 많은 단원들이 나와서 도와주는 모습을 보니 모두 대견하고 고마웠다.

준비한 물건을 내놓자마자 현지인들이 모여들어 물건을 고르기 시작하고 값을 물어본다. 경험도 없고 물건 값을 정해 놓은 것이 아니라 적당히 가격을 불러 물건을 팔고 있었다. 내가 내놓은 공유기는 5만 과라니에 금세 팔려 나갔다. 바자회까지 열어서 어려운 이웃을 돕겠다는 생각으로 행동에 옮긴 20대 어린 단원이 기특하기만 하다.

너무 더운 한낮이라 돌아오는 길에 버스에서 녹초가 되었다. 일요

파라과이 강변에서 벌인 바자회

일이라 버스도 늦게 오고 생수를 파는 가게도 모두 문을 닫아 큰 슈퍼마켓에 가서 1리터들이 물을 사서 마시면서 기다린 지 한 시간가량 되어 버스에 탔으나 자리가 없어 계속 서서 와야 했다.

    오늘 아침에 일어나니 온몸에 땀띠가 나서 여기저기 가려웠다. 그래서 하루 종일 에어컨을 켜고 집에만 있는 중이다.

좌충우돌 적응 이야기

그러나 지금의 나는 떳떳하고, 이곳 사람들과 함께 웃을 수 있고, 그들과 좋은 감정으로 교류하고 있어 나의 선택이 지금도 잘 했다고 생각한다.

5학년 야외 미술 수업

두 달 만에 빛을 본 고향의 맛

파라과이에 온 지 2개월, 5월 11일

　파라과이로 출발하기 직전 동네 마트에서 사온 갖가지 고향의 맛들이 그동안 갖은 시련을 겪은 끝에 드디어 개봉하게 되었다.

　아순시온에서 6주간 머물면서 더운 이곳 날씨에 혹시 상할지도 몰라 귀빈 모시듯 바로 냉장고의 냉동고나 냉장실에 넣어 두었다. 6주간의 아순시온 생활이 끝나고 2주간의 현지적응(OJT) 기간 동안에는 수난을 당했다. 내 숙소에는 냉장고도, 서늘한 곳도 없어 그중 가장 서늘하다고 생각되는 곳이 화장실이었다. 그곳 한 켠에 잘 포장해서 2주간 보관을 했었다.

　한국에서 가져온 통조림 김치는 아순시온에서 3개, 현지적응 기간에 2개를 먹고 7개를 이곳에 가져와서 3개 먹고 지금은 4개 남았다. 아순시온에서 김치도 팔기 때문에 통조림 김치는 푸대접을 받아야 했다. 오랜 기간 방치되어서 무척 시어졌다. 이제 김치찌개로밖에 쓸 수 없을 것 같다.

　옛날에는 이사하면 제일 먼저 연탄불을 가져다 옮겼는데, 나는 집 계약 후 냉장고가 들어오는 날 바로 소중한 '고향의 맛'들을 옮겨왔다.

2개월 만에 빛을 본
한국 식품들

그리고 며칠 후 4월 30일, 두 달 만에 꼭꼭 포장해 두었던 것들을 하나하나 풀고 정식으로 냉장고에 넣었다. 창란젓만 시큼했지만 먹기에는 괜찮았다. 1회용 인스턴트 식품인 육개장, 북어국은 한국에서 먹었던 맛과 똑같았다.

파라과이에 와서 첫 6주 동안은 아침은 호텔, 점심은 현지식으로 매식, 저녁은 동기 단원들과 함께 한국식으로 준비해서 해결했고, 현지적응 2주 동안은 현지인이 준비한 현지식으로 했기 때문에 이제야 비로소 나 혼자만의 생활, 즉 스스로 모든 숙식을 해결해야 할 시점이 된 것이다. 그리고 한국에서부터 늘 나와 가까이 있었지만 서로 상봉하지 못했던 한국 식품들이 2년간 거처할 집을 구하자 비로소 재회의 기쁨을 누릴 수 있었다. 이제 이 식품들을 이용하여 한국의 맛을 되찾고 건강도 유지하면서 파라과이 생활에 익숙해 질 것이다.

다만 작은 바람은 이 식품들이 그동안의 수난을 통해 한 종류라도 변질되지 않았기를 바랄 뿐이다.

집주인이 말하기로는 내가 살 집은 지은 지 60년쯤 되었다고 하는데 도색을 해서 외관상으로는 깨끗해 보였고, 주방도 입식으로 내가 상상한 이상으로 만족스러웠다.

내 집을 공개합니다

파라과이에 온 지 2개월, 5월 16일

　이제 파라과이에서 2년간 살 내 집이 정해졌다. 지금 나는 거처할 집이 있다는 것만으로도 행복하다.

　현지적응 기간 동안 집을 구하기 위해 뜨거운 오후, 이집 저집 기웃거리며 동네를 샅샅이 돌았다. 나보다 먼저 이곳 고등학교에서 활동하다 기관 이전해서 멀리 간 단원이 거처하던 집을 둘러보고 그곳으로 정하려 했으나, 이미 다른 사람이 살고 있어 포기해야만 했다. 우여곡절 끝에 지금의 이 집과 연결되었으나, 말이 잘 통하지 않아 애를 먹었다.

　그 후 젊은 선배 단원, 사무소의 관리요원 등을 동원하여 집주인이 가구, 집기류, 인터넷을 연결해 주기로 계약하고 입주하게 된 것이다.

　서울을 떠나올 때 내가 생활할 곳은 최악의 환경일 거라고 생각해서인지 지금의 여건은 너무 훌륭하고 나에게 과분했다. 물론 KOICA에서 시니어인 나를 젊은 단원보다 배려해서 집 임대료도 조금 더 주었지만 기대 이상의 훌륭한 집이다.

　버스가 다니는 큰 도로에서 돌을 박아 만든 도로(1년 후 아스팔트로 바꿰었다)로 2백 미터쯤 들어와 우측에 있는 집으로 주위는 전원적이고 너무 조용하고 한적한 편이다. 정원 한쪽에는 아이들 놀이기구(Amaca)가 있는데 주인집 아이(대학 2학년)가 어릴 때 즐겨 타던 것이라 버리지 못했다고 한다. 왼쪽으로 돌아가면 뒷마당이 나온다. 넓은 공터인데 주로 중요한 날에 아사도를 구워서 여러 사람이 즐기는 곳으로 이용되고 있다.

파라과이 사람들의 주택에는 규모나 위치에 따라 다르겠지만 이런 공간을 마련하고 아사도를 굽는 통(바비큐 굽는 통과 비슷함)이 한쪽 구석에 자리 잡고 있다.

원래 가구는 전혀 없는, 그야말로 빈집이었는데 내가 필요한 가구(식탁, 찬장, 냉장고, 가스레인지, 소파, TV, TV대, 책장, 옷장, 침대, 커튼, 방범창, 화장실 거울, 순간온수기 등)들을 요구해서 마련하였다. 아직 마련하지 못한 것은 곧 마련해 준다고 했는데 모두 마련되기까지 그 후 6개월 이상을 기다려야 했다.

냉장고는 보기에는 그럴 듯해도 무척 가볍고 냉장실에 넣은 김치가 얼어 있을 만큼 냉장 온도가 제멋대로다. 나중에 안 사실이지만 파라과이에는 전압이 고르지 못해 모든 가전제품들의 수명이 길지 못하고 자주 고장이 난다고 한다. 가스레인지는 중고품을 갖다 놓았는데, 다음 날 두 번의 작은 폭발이 있어 쓰지 않고 대신 간이 가스레인지를 쓰고 있는데 화력이 약하다. 파라과이에는 거울이 무척 비싸다고 한다. 집 안에 거울이라고는 내가 아순시온에서 사온 작은 거울이 전부다. 화장실에도 거울은 없다. 내가 요구했더니 자기 집 화장실 거울을 떼어 준다고 한다.

요즘은 계절은 가을이지만, 아침저녁으로 너무 추워 두꺼운 옷을

2년간 거처할 집

입고 있어야 할 정도로 집 안은 춥다. 낮에는 밖이 훨씬 따뜻하다.

화장실 순간온수기에서 나오는 더운 물은 머리 감을 만하면 찬물이 나와 샤워는 추워서 못한다. 그래도 이정도 시설은 나에게 과분하다고 생각한다.

하나의 주방과 4개의 방은 나 혼자 거처하기에는 넓은 공간이다.

아직 공사가 덜 끝나 어수선하기는 하지만 내가 2년간 살아갈 나의 안식처이다.

공연 시작 전 교실 의자를 들고 나오는 어린이들

친구 프레디의 방문

파라과이에 온 지 3개월, 5월 26일

지난 주말에는 3학년 담임인 프레디(Fredy)가 우리 집에 왔다. 인터넷 속도가 너무 느리다고 하자 내 노트북과 자기 노트북을 가져와서 비교해 보고 인터넷 회사에 전화도 해 주고 여러 가지로 날 도와주었다.

점심을 위해 프레디와 가게에 가서 파라과이식 음식을 만들 재료를 사 와서 프레디는 파라과이식, 나는 라면과 김치로 한국식을 준비했다.

프레디가 음식 준비하는 것을 잘 보아 두었다가 내가 다음 날 혼자 해 보았다. 그런대로 할 수 있고 맛도 괜찮았다.

소고기를 잘게 썬 뒤 피망과 토마토를 잘게 썰어서 먼저 해바라기씨 기름(스페인에서는 올리브유를 쓰는데 여기서는 귀해서 해바라기씨 기름을 많이 쓴다)을 프라이팬에 붓고 끓으면 소고기를 넣어 볶는다. 그리고 피망과 토마토, 양파를 넣고, 마늘을 칼로 썰어서 서너 쪽 넣는다. 내 생각과 달리 이곳에서는 마늘을 많이 먹는다. 고기의 잡냄새를 없애기 위해서리라. 마지막으로 소금을 뿌리는데 이곳 사람들은 엄청 짜게 먹어서 내가 조금만 넣으라고 했다.

그리고 뚜껑을 덮어 약 5분 정도 끓이면 완성이 된다. 이름하여 '뷔페'라고 했다.

프레디는 요리를 잘하는 편이다.

한국에서 가져온 칼로 고기를 써는데 칼이 들지 않아서 애먹었다. 그러나 고기와 식용유, 소금이 많이 들어가 기름기가 많고 짜서 우리나라 사람들의 체질에 맞지 않는 듯했다.

나는 라면에다 콩밥 그리고 김치를 해서 먹었는데 프레디는 내가 먹는 음식 맛을 보고는 라면은 맛있다고 하는데 김치는 매워서 못 먹겠다고 한다.

다음 날 어제 남은 음식 재료로 프레디가 만든 음식을 흉내 내 보았다. 토마토와 피망, 양파와 같은 채소가 들어가는 것을 빼면 대부분의 음식이 소고기와 식용유로 볶는 것이기 때문에 기름기가 많은 음식이다. 나는 식용유를 적게 넣은 대신 멸치와 굴소스를 조금 넣었고 감자를 썰어 넣었다. 오래 먹을 음식이 아니라면 맛이 훌륭했다.

느끼한 맛은 있지만 밥에다 비벼서 먹었는데 먹을 만했다.

파라과이 아이들

파라과이에 온 지 3개월, 5월 28일

요즘 이곳은 기온 차가 심해서 낮에 해가 있을 때에는 거의 30도 가까이 되지만 아침저녁으로는 쌀쌀해서 긴 옷을 입어야 한다. 특히 비가 온 다음 날이나 집 안에 있을 때는 추위가 더 심하다.

그 이유는 사계절의 변화가 뚜렷한 우리의 가옥 구조와 다르기 때문이다.

우리는 겨울의 추위를 이겨 내기 위해 일찍이 온돌을 사용하여 방바닥을 따뜻하게 하고 열을 밖으로 뺏기지 않기 위한 노력을 했기 때문에 추운 밖에 있다가 집 안으로 들어오면 따뜻한 열로 보호받을 수 있지만, 이곳 파라과이는 사계절은 있지만 겨울이 우리보다 덜 추운

파라과이 순수한 어린이들과 함께

관계로 열을 내는 기구나 열을 보호하는 단열재를 쓰지 않기 때문에 겨울에는 상대적으로 더 추운 것이다. 새벽이 되면 밖의 찬 기운이 집 안으로 들어와 아무리 두꺼운 옷을 껴입고 있어도 따뜻하다는 느낌이 들지 않는다.

하루가 다르게 학교생활에 점점 익숙해져 간다.

아직 아이들과 수업을 하지 않지만, 나를 찾아오는 아이들이 꽤 있다. 3학년부터 7학년까지 도서실(이곳은 자료실, 시청각실을 겸하고 있다.)에 있는 동화책, 예를 들면 신데렐라, 백설 공주 같은 책의 삽화를 아이들은 매우 좋아한다.

한번은 우연한 기회에 아이들이 동화책 속의 삽화를 그려 달라고 해서 한 장 그려 주었더니 너무 좋아했다. 다음 날은 다른 아이가 찾아오는 것이다.

그래서 집에 있는 색연필을 가져와서 색까지 넣어 그려 주었더니 매일매일 아이들이 찾아왔다. 아이들과 짧은 대화도 나누고 집에 갈 때에는 같은 방향 아이들과 함께 집에 간다. 십여 분 가는 거리지만 아이들은, 내게 한국에 대해 묻고, 나 또한 아이들에게 주위 나무 이름을 묻는 등 집으로 가는 하교 길이 즐겁다. 그리고 거리감을 두지 않는 아이들이 사랑스럽다. 역시 아이들은 언제 어디서나 꾸밈없는 순수함 그대로다.

오늘의 일기

파라과이에 온 지 3개월, 6월 7일

날씨가 밤 사이에 무척 추워졌다. 전기담요를 켰다 껐다 반복하면서 새벽 5시 20분에 기상했다. 아침을 준비하기 위해 어제 끓여 놓은 찌개를 덥히려고 가스레인지를 켜고 막 끓으려고 하는데 가스가 끊어져 버렸다. 가스가 바닥이 난 것이다. 내가 온 지 한 달 남짓에 가스가 벌써 바닥나다니…

할 수 없이 아침을 대충 먹고 씻는데 더운 물이 안 나온다. 씻는 것도 대충해야 했다.

옷을 두툼하게 입고 학교에 갔다. 도서실에 들어가니 로시도 한겨울을 만난 것처럼 두꺼운 스웨터에 목도리를 칭칭 감고 앉아 컴퓨터를 하고 있다. 이 학교의 유일한 컴퓨터가 도서실에 있고, 이를 로시가 차지하고 있는 것이다. 로시는 퇴직이 3년 남았는데 파라과이에서는 교직 경력 25년이 되면 퇴직하게 된다고 한다. 나는 로시에게 아침에 있었던 가스 얘기를 했다. 로시의 대답으로는 여기 가스는 한 달밖에 못 쓴다는 것이다.

그 말을 듣고 조금 안심이 되었다. 집에 있는 가스가 불량이 아니었기에…

한 시간쯤 있다가 집주인에게 갔다. 가스가 바닥나서 아침도 못해 먹었다고 하자, 첫 달은 자기가 가스를 준비해 주었지만 그 다음부터는 내가 직접 사서 쓰라는 것이다. 가스비가 얼마냐고 하니 2만 과라니(5천원)라고 한다. 가스를 파는 가게의 위치를 확인하고 나오는데, 이 집에서 일하는 사람의 아이가 학교를 안 가고 집에 있었다. 왜 학교에 안 가느냐고 하니 추워서 엄마가 가지 말라고 했단다. 여기 부유한 사람은 이 집처럼 한 가족이 별채에 살면서 그 집의 일을 온 가족이 다 도와주는 것이다.

마침 그 아이 엄마와 아이 교육에 대해 이야기했다. 왜 아이를 학교에 가지 말라고 했냐고 하니 날이 추워서 그랬다는 것이다. 날이 조금 춥고, 덥다고 학교에 가지 말라고 해서는 안 된다. 한국이 지금처럼 잘 살게 된 것이 아이들의 교육을 엄마들이 철저히 시켰기 때문이라고, 과거 한국은 못살고 먹을 것이 없어 굶고 살 수밖에 없었다고. 그러나 한국의 어머니들은 본인은 못 먹고 못 입어도 자식의 교육만큼은 철저했다고. 아이가 학교에 아파서 못 가겠다고 하면 엄마는 아이를 설득한다. 그리고 선생님이 아이의 상태를 보고 집으로 돌려보내면 그때야 약도 주고 병간호를 할 정도로 교육에 관한한 적극적이었다고. 그래서 오늘날 그 아이들이 커서 지금의 한국을 만들고, 각종 상품을 개발해서 세계 많은 나라에 수출을 하게 되었다고…

현지인들의 교육에 대한 의식이 우리와 많이 다름을 알고 놀랐으며, 이런 것들을 깨우쳐 주어야 하는 것이 내가 할 일이 아닌가 생각했다.

처녀작 김치 담그기

파라과이에 온 지 3개월, 6월 8일

학교 교사들이 집단 연수가 있어 임시휴업을 한다고 한다.

그동안 벼르고 별러 왔던 김치 담그기에 도전했다. 어제 프레디와 점심을 같이 먹고 채소를 기르고 있다는 학교에 갔다. 프레디의 오토바이를 타고 우리 집에서 약 1킬로미터 정도 떨어진 농업고등학교에 찾아갔는데 이 학교 학생들은 기숙사 생활을 하면서 농사짓는 법을 배우고 있었다. 그들은 토요일, 일요일에만 집에 다녀올 수 있다고 한다.

고등학교 교사와 인사를 하고 주위가 온통 밭과 목장으로 둘러싸인 학교를 돌아보았다. 김치를 담그기 위해서는 배추가 필요하다고 하니 양배추를 권한다. 파라과이에서 배추라면 그것은 양배추를 의미한다고 한다. 내가 말하는 배추는 이곳에 없다고 한다.

커다란 오이 6개를 얻어서 오는데 그 고등학교 교사가 마치 당근 잎과 같이 생긴 채소를 가져가겠냐고 하기에 좋다고 하니 잎을 한 움큼 자르고 있었다. 어떻게 먹는지 몰라 조금만 달라고 했다. 스페인어로 '뻬레힐(Perejil)'이라고 하는데 그때는 잘 몰라서 집에 와서 찾아봤더니 '미나리'였다. 우리는 물이 많은 곳에서 자라지만 여기서는 밭에서 자란다. 미나리인 줄 알았으면 더 달라고 할 걸…

　어제 저녁에는 버스로 40분 거리에 있는 슈퍼마켓에 가서 이곳에서는 보기 힘든 우리 배추를 샀다. 여기 현지인들은 이런 배추를 일본 배추라고 하는데 배춧속만 다듬어 랩에 싸서 판다. 큰 배추가 없어 작은 것 5개를 사고 다른 야채를 사왔다.

　오늘 아침 식사 후 열심히 다듬고 준비해서 김치 만들기에 도전했다. 먼저 배추를 반으로 잘라 소금에 절여 놓았는데 그 소금의 농도를

처음으로 만들어 본 김치

몰라 대충 절여 놓은 뒤 미나리, 부추, 파, 밀가루 풀, 멸치 액젓 그리고 멸치와 다시마 우려낸 물에 고춧가루와 버무려 배춧속 양념을 만들었다. 배추를 절인 후 그 물에 오이를 담가 절였다.

파라과이 소금 1킬로그램에 3천 과라니 주고 3포를 샀는데 바다 소금 같지 않고 암염 같아서 맛을 보니 짜지 않고 쓴맛이 난다. 김치가 맛이 없으면 이곳 소금을 썼기 때문이라고 생각하고 김치 속을 넣어 배추를 버무렸다. 배추김치를 완성한 후에 남은 양념에 오이를 섞어 오이지를 완성했다.

생각보다 오이지는 만들기가 쉬웠다. 새콤하고 시원한 오이지를 기대했다. 그러나 맛을 보니 쓴맛이 나면서 너무 짰다. 나중에 익으면 먹으려고 비닐봉지에 담아 플라스틱 통에 담아 두었다.

처음으로 도전해 본 김치 만들기는 생각보다 어려웠지만 모양은 그런대로 성공이었다. 만약 김치 맛이 이상하면 김치찌개용으로 쓰면 된다고 생각하니 힘들었던 오늘 하루 노동의 보람은 충분하다고 생각했다.

특별활동 발표대회에 공연하기 위해 온 학교대표

프레디의 집에 가다

파라과이에 온 지 3개월, 6월 11일

며칠 전부터 프레디가 자기 집에 가서 청소를 같이 하자고 했다. 내가 사는 센트로에서 멀리 떨어져 있는 프레디의 집에 가보고 싶어서 그러자고 했더니 풀이 많이 자라서 그걸 다 베어야 한다고 한다.

오후 3시가 조금 넘어서 밖에서 프레디의 손뼉 치는 소리가 들렸다. 이곳 파라과이에서는 남의 집을 방문할 때에 대문 앞에서 이름을 부르지 않고 대문 앞에서 손뼉을 서너 번 친다.

프레디의 차를 타고 그가 살고 있는 집으로 갔다. 그의 집은 센트로를 벗어나 승용차로 십여 분 비포장도로로 가니 군데군데 집들이 있고 소들이 모여 있는, 말 그대로 시골 동네로 들어선다.

그는 이곳이 자기가 어렸을 때부터 살던 집이라고 한다. 부모님이 돌아가신 뒤로 비어 있었는데 부인과 이혼한 뒤부터는 혼자 그 집에서 산다고 한다. 목화밭이 크게 있고, 과수원처럼 과일나무가 많다. 방 하나에 냉장고, 세탁기, 침대, TV, 옷장 등이 모두 들어 있다. 병에 꿀이 있어 우유에 꿀을 타 주었다. 벌집을 털어서 따온 꿀이란다.

앨범을 꺼내더니 고등학교 때 군사 훈련 받고 찍은 사진을 보여 준다. 지금은 그런 제도가 없어졌지만, 그가 고등학교에 다닐 때에는 남학생들은 여름방학 3달 동안 총 2회 군사훈련을 의무적으로 받았다고 한다.

이발사 자격증, 컴퓨터 이수증, 댄서 자격증 등 상장과 자격증을 자랑삼아 보여 준다. 나름대로 프레디는 자격증에 많은 관심이 있는 듯했다.

집 주위의 망고나무, 바나나, 아구아까떼 등 과일나무를 구경하고 난 뒤, 밭 한쪽에 나무 막대기를 잘라 놓은 듯한 가지들이 있는 곳으로 발길을 옮겼다. 엉성하게 자라고 있는 그 나무뿌리가 유명한 만디오까라고 한다. 만디오까는 고구마의 퍽퍽한 맛, 그리고 감자의 달지 않은 맛을 섞은 것 같다. 탄수화물이 많이 있어 고기를 먹을 때 꼭 같이 먹는다. 그는 자기 집에서 재배한 만디오까를 캐서 요리해 먹는다고 한다.

잠시 후 동네 친구들과 매주 토요일 배구를 해야 한다고 하면서 길 건너에 있는 배구장으로 향했다. 배구장이라야 공터 한가운데 네트를 쳐 놓은 정도이지만, 동네 청년들의 사교 장소이자 유일한 체육 시설이었다.

날이 어두워지자 다시 차를 타고 센트로로 나와 근처 식당에서 아사도로 식사를 대신했다. 프레디는 8시에 자기 딸과 만나서 서커스를 보기로 약속했다고 한다.

며칠 전부터 동네 넓은 공터에 목재를 들여와 무언가 짓기 시작하더니 그곳에 서커스단이 들어온 것이다. 서커스는 나도 좋아한다고 했다. 이곳에 와서 고생을 하는 이유 중의 하나는 파라과이 사람들이 하고 있는 생활 경험이나 문화를 나도 그들처럼 경험해 보고 싶었기 때문에 한국에서는 쳐다보지도 않은 서커스가 어떻게 하는 것인지 알고 싶었다. 아순시온에 갈 때면 서커스단 공연을 홍보하는 전단지를 보곤 했는데 이곳 사람들은 서커스를 좋아하는 것 같다. 우리나라 '동춘 서커스단'이 없어졌는지 모르지만 이곳 서커스는 한마디로 조잡스럽고 내용도 부실하고 종류도 적었다. 외발 자전거 타기, 공중 그네, 횃불 쇼, 오토바이 쇼, 등 우리의 육칠십 년대 보아 왔던 서커스를 이곳 파라과이의 작은 시골에서 마을 주민들과 함께했다. 그러나 열심히 진행하는 서커스 단원들과 이를 흥미 있게 구경하는 관람객들은 사뭇 진지한 표정들이었고, 작은 연기에도 열렬한 환호를 보내며 즐거워하고 있었다. 문화 혜택을 받을 기회가 별로 없는 이곳 사람들은 작은 공연이라도 꽤 좋아하는 분위기였다. 특히, 아이들이 있는 가정에서는 마을의 작은 축제쯤으로 생각하고 있는 듯했다. 그러나 입장료는 이곳 사람들에게 선뜻 갈 수 없는 금액인 어른이 2만 과라니, 특석이 2만 5천 과라니(특석은 중앙에 의자가 있다)였다.

모든 부모들이 자식에 대한 사랑이 지극하지만, 프레디도 아내와는 이혼을 했어도 그의 딸에 대한 사랑은 대단하다. 3학년 딸의 담임이기도 한 그는 매일 수업이 끝나면 딸을 오토바이에 태우고 엄마가 사는 집에까지 데려다 준다. 그의 엄마(프레디의 전 부인)는 우리 학교 고학년(7, 8, 9학년) 예능(음악, 무용) 교사이다. 부인과의 이혼으로 마음고생을 했고 현재도 옛날 집에서 힘들게 살아가고 있지만, 항상 밝고, 활기찬 생활을 하고 있어 주위 사람들로부터 좋은 평가를 받고 있는 것 같다.

각종 발표대회를 통해 자신을 표현하는 어린이들

슈퍼마켓에 가다

파라과이에 온 지 3개월, 6월 12일

우리 마을(Nueva Italia)에는 대형 슈퍼마켓이 없다. 그 이유는 인구가 적어 장사가 안되기도 하지만 지역적으로 사방에서 모여들 수 있는 입지조건이 안되기 때문인 것 같다. 그래서 많은 물건을 사려면 두 시간 정도 걸리는 아순시온까지 가야 하고 우리 교민들이 많은 시장(4시장)에 가려면 30분 정도 더 걸린다. 그렇게 해서 물건을 사서 집에 오면 하루가 다 가기 때문에 한국 물건을 사는 것이 아니라면, 현지인들의 슈퍼마켓에 가는 것이 좋다.

슈퍼마켓은 우리나라와 비슷하지만 상품의 종류가 많지 않고 특히 공산품은 생각보다 비싸고 품질이 떨어진다. 각종 채소와 과일은 종류가 다양하고 값도 비교적 싼 편이다. 특이한 점은 떼레레의 재료를 채소 코너에서 팔고 있어 채소 이름을 모르는 나 같은 사람을 당황하게 만든다.

이곳 사람들의 주식인 고기를 파는 식육 코너는 항상 사람들로 붐빈다. 이들이 사들고 가는 고기를 보면 마치 잔치 준비를 하는 사람들 같다. 토막토막 썬 고깃덩어리를 여러 포대에 담아서 들고 메고 간다.

이곳의 운송수단은 단연 오토바이인데 기동력이 있고 집들이 멀기 때문에 가정의 필수 운송수단이다. 네 가족이 한 대의 오토바이에 타고 나들이 가기도 한다.

슈퍼마켓 왼편에는 미국 달러를 현지화로, 아르헨티나의 페소로, 브라질의 헤알(레알)로 환전해 주는 환전소가 있다. 파라과이에는 이런 환전소가 군데군데 많이 있지만 최근에는 위조지폐가 많아 미국 달러화 화폐 번호 중 B나 D로 시작되는 화폐는 잘 받지 않는다고 한다. 환전소에서는 외부 사람들이 잘 볼 수 있도록 매일 시시각각 변하는 환율을 전광판에 표시하고 있다. 사람들은 우리의 주식시장처럼 그때마다 환율이 다르기 때문에 여유 있는 사람들은 환율이 좋을 때 환전하기도 한다.

슈퍼마켓 옆 버스 정류장에는 테레레 재료를 파는 상인이 있다. 각종 식물을 절구에 넣고 빻아서 돈을 받고 판다. 그것을 사서 물통('떼르모'라고 하는데 여름에는 얼음과 함께 넣는다)에 넣고 건조된 떼레레를 잔(구암빠)에 넣고 떼르모에 있는 물을 부어 마신다.

떼레레는 파라과이의 대표적인 음료 문화로 자리 잡고 있다. 거리를 걷다 보면 어디서든지 커다란 물통(떼르모)과 그 옆에 달린 잔(구암빠)을 들고 다니는 사람을 흔히 볼 수 있는데, 이 떼레레가 더위로 인한 갈증을 해소하고 몸을 어느 정도 식혀 주는 구실을 하고 있다.

고무줄 놀이 하는 아이들

파라과이에 온 지 4개월, 6월 27일

　이곳 아이들의 놀이에서도 우리와 비슷한 놀이를 하는 것을 보았다. 얼마 전에는 삼사 학년 아이들이 운동장에서 구슬을 가지고 구슬치기 하는 것을 보았다. 마치 우리 아이들이 했던 것처럼…
　오늘은 3학년 교실에서 'barajita'라는 단어가 나와서 전자사전을 찾아보니 나오지 않아 궁금해서 로시에게 물어보니 아이들이 가지고 노는 작은 카드라고 한다. 종이로 만든 딱지 같은 놀이 도구인 듯했다.
　지구 반대쪽에 있는 아이들이 구슬치기, 딱지치기, 고무줄 놀이를 하고 자라고 있으며, 비록 피부는 검지만 동양인과 같은 생김새를 하고 있는 원주민들과 그들의 갓 태어난 신생아들은 우리 아기들과 같이 엉덩이에 몽고 반점이 있다는 것을 들었을 때 우리와 가까운 사이가 아닐까 하는 생각이 든다.
　하교 시간이 가까운 10시 40분쯤에 7학년 여자아이들이 낯익은 놀이를 하고 있었다. 요즘은 자주 볼 수 없지만 과거 여자아이들이 즐겨 하던 고무줄놀이와 비슷했다. 지구 반대편에서 하는 아이들의 놀이가 우리와 비슷하다니 어쩌면 우리와 혈통이 비슷한 것은 아닐까? 서양의 미국이나 유럽 아이들도 이런 놀이를 하면서 놀까? 한쪽에서는 수업을 하고 한쪽에서는 이런 고무줄놀이를 하고…

　한참을 놀던 아이들은 더운지 웃옷을 벗는다. 이곳 아이들은 얇은 옷을 몇 겹씩 입고 있다가 더우면 하나씩 하나씩 벗는 것이 습관처럼 되어 있다.

　요즘 같은 초겨울 아침에는 두툼한 옷을 입고 다니다가 한낮이 되면 모두 얇은 반팔 옷으로 바뀐다. 기온의 변화가 심한 이곳 사람들은 이렇게 하여 건강을 지키는 방법이 어릴 때부터 생활화되어 있는 듯하다.

아이들의 놀이가 우리와 비슷하다.

월요조회 이야기

파라과이에 온 지 4개월, 7월 3일

이곳 학교에서는 매일 아침 조회를 한다. 아침 7시 정각에 아이들이 교실에 들어가지 않고 본관 앞에서 대기하고 있다가 선생님의 말씀에 따라 조회를 하고 반별로 입실을 한다. 오후 1시에 시작하는 오후반도 똑같이 1시에 본관 앞에서 조회를 하고 입실한다. 먼저 학년별, 반별로 정렬하면 국기 게양식을 한다. 6학년 두 명이 게양대 양쪽에 서서 국가에 맞추어서 국기를 올린다. 이때 아이들은 국가를 함께 제창한다. 늦게 오는 아이는 국기 게양이 끝날 때까지 제자리에 서서 국가 제창이 끝나기를 기다린다.

사회 보는 교사가 아이들에게 인사를 하게 하면 아이들은 모두 같은 말로 답례를 한다. 그 다음에는 교장에게 아침 인사를 하고, 교감과 모든 교사에게 다 같이 인사를 한다. 그날 조회의 사회자는 우리의 주번 교사처럼 한 주씩 매주 돌아가면서 하는 듯하다. 교장이 간단한 훈화를 한다. 훈화라기보다 오늘 하루의 특별한 일 등을 소개한다. 그리고 아이들을 칭찬하고 교사들을 칭찬하는 말로 마무리한다.

조회가 끝나면 아이들은 교사의 지시에 따라 입실하는데 줄을 맞추어 교실로 간다. 교실로 바로 들어가는 것이 아니라 교사의 지시에 따라 신을 털고 한 명씩 입실을 한다.

이런 아이들의 모습을 보기 전에는 남미의 다혈질 성향을 가진 국민들이 사는 나라이니만큼 어린이들이 조금은 자유 분망할 것이라는 예상과는 달리 아침 조회에 참여하는 태도가 사뭇 진지하다. 지정된 조회 장소에 자율적으로 학년별로 줄 맞춰 서고, 국기 게양을 할 때 모두 국기를 향해 서서 그들의 국가를 제창할 때면 기특하기도 하고 엄숙한 느낌마저 든다. 다만 국가를 부를 때 음정이 맞지 않아 우스꽝스러운 화음이 들리기도 하지만 그들의 조회에 참여하는 태도는 사뭇 진지하다. 그리고 조금 늦게 온 아이들과 주위에 있는 학부모들의 태도에서도 진지한 모습을 찾아볼 수 있다.

차이는 있지만 우리와 비슷한 면이 많이 있다. 유럽이나 미국에서는 이런 모습을 찾아보기 어렵다. 매일 실시하는 조회지만 아이들은 싫어하거나 기피하는 아이들이 없고, 수업의 한 과정처럼 늘 그렇게 참여하고 있다.

교실로 입실하는 모습을 보고 우리 어린이들을 상상해 보았다. 이곳 어린이들은 교실로 가는 동안이나 교실 앞에서 대기하는 동안 친구들과 장난하거나 줄을 이탈하는 법이 없다.

파라과이 속의 한국 마트

파라과이에 온 지 4개월, 7월 12일

아순시온에는 교민이 운영하는 마트가 몇 개 있다. 단독 건물 1층에 외견상으로는 깔끔하게 정돈되어 있고 입구로 들어가면 안내하는 현지인이 일일이 문을 열어 준다. 실내는 그다지 넓지 않으나 없는 것 빼고 다 있다. 이곳에서는 한국에서 물건을 주문해서 가져다가 파는데 물건이 오는 며칠 동안은 손님들이 많이 오고 물건들이 빠지면 그에 따라 손님들도 줄어든다. 대부분 우리나라와 일본 사람이 주요 고객들이다.

십여 일 전 이 집 주인이 내게 전화를 했다.

"한국에서 물건이 왔으니 시간 있으면 한번 구경하러 오세요."

몇 달 전, 혹시 물건이 도착하면 알려 줄 수 있느냐며 연락처를 적어 주었더니 연락을 한 것이다. 그때는 한국 사람들이 좋아하는 물건들이 많이 있었다. 그러나 다른 일로 왔기 때문에 눈요기만 하다가 오늘 큰맘 먹고 나온 것이다.

이것저것 구경하다가 굴소스, 가자미, 갈치, 깻잎, 창란젓, 막걸리 등 주로 식료품을 사고 2십만 과라니를 지출했다. 한국에서는 별로 비싸지 않으나, 이곳 환율로 환산해 보면 비싼 편이다. 물론 태평양을 건너 지구 반대편까지 왔으니 비쌀 수밖에… 그래도 돈만 있으면 귀한 생선도 구할 수 있다는 것이 얼마나 다행인가. 물론 우리나라가 아닌 아르헨티나나 브라질에서 온 것이기는 해도.

　이곳에서 구입을 했더라도 더운 날씨 때문에 내가 사는 지방에까지 신선하게 가져갈 수는 없다. 두 시간 걸리는 버스로 이동해야 하기 때문이다. 한국에서 생각하면 별일 아닌 것처럼 느끼겠지만, 이곳은 지금이 겨울이기는 해도 한낮에는 우리의 여름과 다름없이 더울 뿐만 아니라 배낭 속에 든 식품들은 고물 버스 안에서 자칫하면 냄새가 배어 나와 현지인들의 눈살을 찌푸리게 할지도 모르니 무사히 집에 도착하는 것이 내게는 큰 과제인 것이다. 그러나 오늘은 날씨가 그다지 덥지 않고 또 주인이 포장을 잘해 주어서 무사히 집까지 가져 올 수 있었다.

　돌아오는 버스, 내가 사온 식품들을 생각하면서

　'너희들과의 인연이 참으로 묘하다. 태어나기는 한국에서 태어났으면서 지구 반대쪽 이곳까지 흘러와 파라과이의 시골 마을 누에바 이탈리아에 있는 나에게까지 찾아 왔으니…'

　이제 한동안 반찬 걱정하지 않고 나를 즐겁게 해줄 것을 생각하니 돌아오는 발길이 무척 가벼웠다.

저녁 식단 공개

파라과이에 온 지 5개월, 7월 31일

그동안 가스레인지 없이 간이 가스레인지로 식사를 해결했는데 집주인이 엊그제 새 가스레인지를 사 주어서 가스 오븐을 시험해 볼 겸 아사도를 구워 보았다.

사실 3개월 전 이 집에 들어올 때 낡은 가스레인지로 국을 끓이려다 작은 폭발이 두 번이나 있어 임시로 간이 가스레인지를 썼는데 도무지 새로 준비해 줄 생각을 하지 않는다.

주인에게 거의 매일 조르다가 하루는 "이 집에 들어온 지 3개월이나 되었는데 아직 조리기구가 없으니 KOICA 사무소에 얘기해야겠다. 그러면 집세를 주지 않을지도 모른다"라고 했다.

그랬더니 다음 날 집 앞 잔디 정리와 함께 세탁기도 제일 싼 것이기는 하지만 가져오고 가스레인지도 바꾸어 주었다.

집을 계약할 때 집 앞 잔디는 한 달에 두 번 깎아 주기로 했는데 두 달이 되어도 깎아 줄 생각을 않는다.

한국에서는 잔디 문화가 아니라 잘 몰랐지만 잔디를 제때에 깎아 주지 않으면 마치 이발을 해야 할 시기를 놓친 사람과 같이 집 앞이 지저분해져서 지나가는 사람들의 지탄을 받기도 하고 모기와 같은 해충의 온상이 되기도 한다.

새로 가져온 세탁기를 시험 삼아 빨랫감을 넣고 스위치를 눌렀다. 이상하게도 물을 트는 스위치가 있고 작동하는 스위치가 따로 있었다. 얼마 후 물이 넘치는데 도통 물이 잠가지지 않는다. 빨래는 하염없이 돌아가고 있었다. 별 수 없이 물을 잠그고 한없이 돌아가는 빨래를 정지하고 배수로로 물을 빼고 난 후 물에 젖은 빨래를 건져내어 손으로 짜서 넣고 다시 물을 틀고 기계를 돌리고… 이렇게 몇 번을 반복하다보니 아예 손빨래하는 것이 나을 것 같았다. 세탁기는 그야말로 완전 수동식이었다.

아사도를 굽기 위해 넣을 받침판이 없어 가게에 가서 알루미늄 호일과 플라스틱 통을 함께 사면서 쇠고기 5백 그램을 사서 점심때 시험 삼아 한 조각을 구워 보았다.

학교 교사에게 물어보니 약 40분 정도 구워야 한다고 하고 고깃집 주인은 한 시간정도 구워야 한다고 해서 오븐기에 넣고 기다리다가 꺼내 보니 한쪽이 타 버렸다. 그래서 저녁에는 지키고 있으면서 15분이 지나면 뒤집어 놓고 했더니 타지는 않았다. 그런데 고기에서 물이 많이 나왔다. 다시 몇 분이 지나자 고기가 알맞게 구워져 냄새가 기가 막혔다.

여기에 어제 담근 김치(배추김치, 오이지, 양파김치)와 깻잎, 장조림, 오징어채 볶음, 그리고 미역국으로 육해공군이 다 들어 있는 그야말로 진수성찬이다. 혼자 먹기 아까운 식단이다.

한국에서 가족들과 함께했던 기분을 느끼기 위해 천천히 맛을 음미하면서 깊어가는 겨울, 파라과이에서의 저녁을 그렇게 보냈다.

프레디가 '고향'을 가져오다

파라과이에 온 지 5개월, 8월 11일

친구 프레디가 우여곡절 끝에 한국을 다녀왔다. 원래는 7월 둘째 주에 한국을 가서 그 다음 주에 오기로 했었는데 정치적인 일로 대통령이 하야해서 모든 일정이 취소되었다가, 갑자기 7월 30일에 출발해서 엊그제 그러니까 8월 8일(수)에 파라과이에 도착했다.

그는 파라과이 민속무용으로 상하이 엑스포에도 다녀오고, 이번에는 여수 엑스포에 동료 무용 단원 8명과 함께 다녀왔는데 너무 짧은 일정으로 몹시 피곤해 했다.

불과 10일 동안 한국을 방문해서 공연을 하고 왔으니, 왕복 4일 동안은 비행기를 탔을 것이고 6일간 오전, 오후로 공연을 했으니 피곤할 수밖에… 더구나 12시간의 시차로 힘이 많이 들었을 것이다. 프레디는 그 힘든 여정을 통해서 그의 조국 파라과이를 한국에 알리고 온 것이다. 몸은 피곤했지만 사명감 하나로 극복하고 온 것이다.

프레디가 젊었다고 하지만 그의 단원 중에서 가장 나이가 많은 단원이다.

한국을 방문한다는 말에 가장 기쁜 것은 바로 나였다.

프레디에게 한국 가면 공항에서 잠깐 내 아내를 만나 보라고 하고, 화상통화를 통해 아내에게도 그의 한국 방문을 이야기하면서 한번 만나 보라고 했다. 아내는 일정을 마치고 한국을 출발할 때 사위와 함께 8월 6일 김포공항에서 만나서 인천공항까지 동행하였다고 한다.

그는 아내가 챙겨 준 여러 가지 먹거리와 부족했던 겨울옷 등을 챙겨서 한 보따리를 가져왔다. 여수 엑스포에서 오전, 오후 하루에 두 번 파라과이 민속무용을 보여 주었다고 한다.

아내와 의사소통이 잘 이루어졌느냐고 물어보니 인솔자와 동료 단원, 대사관 직원 그리고 사위가 영어와 스페인어로 통역을 해 주어서 소통은 잘 이루어졌다고 한다. 한국으로 가기 전에 내게 한국에서 만든 옷을 입고 싶다고 말해서 아내에게 얘기했더니 바지와 티셔츠를 선물했다고 한다. 아내에게서 받은 선물을 꺼내 보여 주면서 나와 아내에게 몇 번이나 고맙다고 한다.

내가 파라과이에 온 지 이제 5개월이 지났는데 이곳 친구가 한국을 다녀온 것도 큰 인연이었고, 그를 통해 아내와 가족의 안부를 듣고 필요한 물품을 가져온 것도 내게는 행운이라고 생각한다.

또, 그의 한국 방문을 통해 그동안 한국과 파라과이가 멀게 느껴졌지만, 그렇게 먼 곳만은 아니라는 생각이 들었다.

새 생명 태어나다

파라과이에 온 지 7개월, 9월 25일

파라과이에서 나름 고생하고 있는 내게 딸과 사위가 고귀한 선물을 보내왔다. 지난 9월 17일, 새로운 세상을 알리는 힘찬 울음소리와 함께 새 생명이 탄생한 것이다. 그동안 유난히 배가 불러 고생을 하던 딸아이가 큰 어려움 없이 체중 4.6kg, 신장 55cm의 건강한 사내아이를 순산한 것이다.

'세상 나오면 고생'이란 말을 들은 것인지 엄마 배 속에서 영양분을 많이 섭취하는 등 단단히 준비해서, 다른 아이보다 1킬로그램 이상 더 자라서 태어난 것이다. 딸아이는 일주일간 병원에 있다가 엊그제 산후조리원으로 와서 아기와 함께 회복하고 있단다.

그동안 외로움과 집, 가족 생각으로 어지러웠는데, 이제 아기 보는 재미로 시간을 보낼 것 같다.

요즘은 컴퓨터 바탕화면에 아기 사진을 올려놓고 학교에 갔다 오면 "아가, 잘 자고 일어났구나!" 하고 인사하는 것이 일상이 되어 간다.

새로운 생명은 무엇이든 귀엽고 예쁘다. 동식물을 포함해서… 하물며 내 핏줄을 이어받아 태어난 생명이야 더 말할 나위가 없다. 지금은

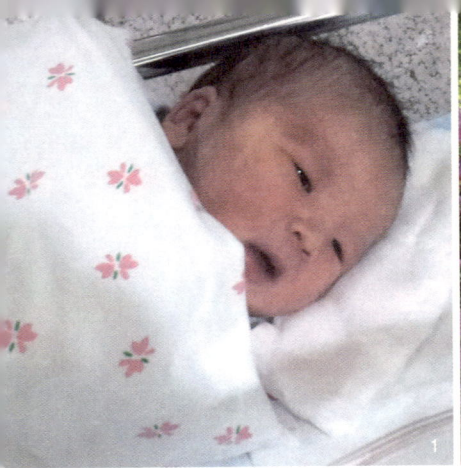

1. 태어난 지 일주일이 지난 아기
2. 시윤이의 현재 모습 (2015년 5월)

딸아이가 빨리 회복하고 아가가 건강하게 자라나기를 바랄 뿐이다.

2015년 5월. 갓 태어나 빨갛던 모습의 시윤이가 벌써 32개월이 되었다.

태어났을 때 보지 못했던 만큼 남달리 사랑스러움으로 가득하다.

요즘은 번개맨, 로보카 폴리, 미니 특공대를 자칭하며 어느 때는 악당으로, 어느 때는 주인공 로봇으로 같이 놀아 주고 있다. 시윤이가 주인공 역할을 할 때면 눈빛과 행동이 달라진다. 자신이 TV 속 로봇의 주인공이 된 것처럼 과장된 행동으로 주위 사람들에게 호령한다. 그러면 우리는 쩔쩔 매며 쓰러져야 한다.

얼마 전까지 주어와 술어만 쓰던 시윤이가 이제는 관형어와 부사어를 사용하기 시작했다. 하루가 다르게 어휘량이 느는 것을 보고 내가 파라과이에서 현지어를 그렇게 열심히 했는데도 익히지 못하고 더듬거렸는데 시윤이는 한두 번 들으면 그 단어를 바로 사용하고 있다.

그런 시윤이가 오늘은 집 근처에서 활짝 핀 꽃을 관찰하고 있다.

파라과이에서 자연을 낚다

파라과이에 온 지 7개월, 10월 1일

한국에서는 추석 명절 준비로 바쁠 때인데 이곳 학교들은 교사들의 파업으로 정상적인 교육과정이 이루어지지 않고 있다.

수업이 이루어지지 않은 날(9. 28)을 택해 파라과이 남쪽에 있는 '아름다운 도시, 빌랴 플로리다(Villa Florida)'를 방문했다. 이곳은 아순시온에서 남쪽 도시 엔까르나시온으로 가는 버스들이 잠깐 쉬어 가는 중간 기착지로 우리의 고속도로 휴게소 같은 역할을 한다. 동기 단원이 그곳에서 활동하기도 하고, 그곳이 아름다운 강을 끼고 있어 낚시를 해 볼 참으로 다녀왔다. 그러나 불행히도 비가 오지 않아 물이 많이 줄어 있고, 가는 날이 장날이라고 바람도 매우 심하게 불어왔다.

그래도 한국에서 가져온 낚싯대를 한번 써 볼 요량으로 물에 담갔다. 생각보다 입질이 있었다. 낚싯줄을 끊고 달아난 두 마리를 제외하고도 다섯 마리를 잡았다. 한국 같아서는 입질은커녕 물고기들이 근처에도 오지 않았을 텐데 이곳 물고기들은 순진한지 바람이 불고 물도 많이 줄어든 악조건인데도 짬짬이 입질과 함께 손맛을 볼 수 있었다. 우리는 잡은 물고기를 손질해서 단원의 집으로 가져왔다. 우리는

파라과이 강에서의 낚시

　이것으로 그날 저녁에 매운탕을 끓여 4명이서 오랜만에 고향의 맛을 느껴 볼 수 있었다.
　남미의 다른 나라도 그렇겠지만, 붉게 타들어 가는 석양의 모습은 그야말로 예술이었다. 오염되지 않은 자연이 만들어 준 아름다움을 이곳 빌랴 플로리다에서 단원들과 함께 감상할 수 있는 것은 우리가 파라과이에 있기 때문일 것이다. 저물어 가는 강가, 나는 낚시를 드리우고 자연이 만들어 놓은 위대한 예술 작품 속에 잠시 빠져드는 여유를 즐길 수 있었다. 이 자연의 위대한 작품을 어디에 간들 잊을 수 있을까.

원시 낚시 경험을 하다

파라과이에 온 지 7개월, 10월 7일

교사 막시모가 지난 토요일에 나와 프레디에게 함께 낚시 가자고 해서 쾌히 승낙했더니 어제 새벽 5시에 프레디에게서 전화가 왔다. 막시모는 우리 동네에서 많이 떨어진 곳에서 살고 있었다. 학교 출근하는데 오토바이로 20분 정도 걸린다고 한다. 우리는 미끼로 쓸 지렁이를 사 가지고 막시모의 사촌 집 근처에 있는 파라과이 강으로 갔다.

파라과이 강은 수심이 깊어 아르헨티나 쪽은 수심이 20미터 정도라고 한다. 이 강은 모든 물자 특히 곡물을 외국으로 수출하는 통로가 된다고 한다. 마침, 캐나다에서 오는 곡물 운반선이 뱃고동을 울리며 지나간다.

이곳 사람들은 낚시를 낚싯줄에 묶은 뒤 미끼를 끼워 던져 놓고 마치 우리의 견지 낚시하는 것처럼 손의 감각을 이용해 낚시를 한다. 바람이 불어 각자 한 마리씩밖에 못 잡았다.

돌아와서 주인아주머니가 전에 잡아놓은 물고기와 함께 매운탕을 끓였다. 방법은 우리와 비슷했다. 다만 고추는 한개만 썰어 넣고 끓으면 건져 낸다고 한다. 매워서…

주인아주머니는 우리가 왔다고 색다른 고기를 삶았다. '까르핀쵸(Carpincho)'라고 하는 남미에서만 사는 동물인데, 생긴 것이 멧돼지와 쥐의 형상을 하고 키는 1미터쯤 되지만 고기는 매우 맛있다고 하는데 나는 영… 냄새가 나서 끓일 때 뚜껑을 열어 놓고 끓인다. 별 맛이 없고 냄새가 난다. 프레디는 맛있다고 하면서 연신 엄지손가락을 치켜든다.

우리는 점심을 먹고 파라과이 강에서의 낚시를 만회하기 위해 막시모의 안내에 따라 다른 장소로 이동했다. 빌리에타 도시 외곽으로 소들을 키우기 위한 초지 한가운데 있는 물웅덩이 같은 곳인데 막시모는 이곳에서 낚시가 잘된다고 한다. 내가 보기에는 별로 잘될 것 같지 않았다. 막시모는 대나무 3개를 가져와서 낚싯줄을 묶어 주는데 끝에 굵은 낚시가 달려 있다. 마치 바다낚시에서나 쓰는 큰 낚시 바늘이다. 그리고 갈대줄기를 꺾어 낚싯바늘 위 50센티미터 정도에다 묶어준다. 이것이 찌 역할을 한다고 한다. 막시모가 건네준 낚싯대에 지렁이를 꿰어 물에 던졌다. 깊어 봤자 낚싯바늘은 수면 1미터 내외로 가라앉아 있어 큰 게 물릴 것 같지 않았다. 낚싯바늘이 커서 추를 달지 않아도 바늘 무게로도 가라앉을 것 같았다.

10분 정도 지났는데 낚싯대가 흔들린다. 냅다 당겼더니 좌우로 요동을 친 후 묵직하게 녀석이 주둥이를 내민다.

첫 작품치고는 큰 물고기였다.

막시모가 달려오고, 프레디가 "포토(사진), 포토(사진)!"를 외친다. 3명이 갑자기 호들갑을 떨며 바빠졌다.

잠시 후 연거푸 물고기들이 올라오는데 뜨거운 오후인데도 시간 가는 줄 몰랐다. 어떻게 이렇게 얕은 곳에서 큰 물고기가 물릴까 궁금도 했지만 나는 이미 낚시하는 재미에 푹 빠져 있었다.

한 손으로 물고기를 잡아야 다른 한 손으로 낚시를 빼는데 물고기가 너무 커서 한 손으로 잘 잡혀지지 않는다.

프레디는 세 마리밖에 못 잡았고, 막시모도 작은 것 한 마리밖에 못 잡았으니 물고기들도 이방인을 알아보는 것 같았다. 다 잡은 고기를 철사 줄로 꿰어 들어 보니 묵직한 게 내가 생각해도 대견했다.

그동안 쌓은 내공이 있어서일까? 이곳 물고기들이 입질은 많이 하지만 올릴 때 우리나라처럼 힘은 세지 않은 것 같았다. 더운 지방이어서일까? 이빨이 있는 물고기를 보니 더럭 겁이 났다. 이곳에는 날카로운 이빨을 가진 물고기가 있다고 하는데 주로 육식으로 작은 물고기를 잡아먹고 산다고 한다.

첫 번째 잡은 물고기

내가 잡은 물고기는 아닌 것 같았으나 이빨이 날카롭게 서 있었다.

잡은 물고기 절반을 막시모에게 주고, 나머지는 프레디가 우리 집으로 가져와서 배를 따고 비늘을 벗겨 내고 잘 씻어서 냉동을 했다. 월요일 저녁에 야채를 사가지고 와서 같이 매운탕을 끓이자고 했다.

파라과이 강한 햇빛 때문에 목이 마르고 얼굴이 벌겋게 탔지만, 남미에서의 색다른 경험을 모처럼 친구들과 함께한 즐거운 주말이었다.

유치원 원아들을 위한 KOICA 기증품(그네) 및 야외 놀이터

프레디의 깔도 요리

파라과이에 온 지 7개월, 10월 17일

저녁 때쯤 운동을 하고 있는데 프레디가 찾아왔다. 전에 잡은 물고기로 매운탕을 해 먹자고 왔을 것이다. 운동을 중단하고 같이 집으로 와서 냉동해 둔 물고기를 꺼내서 해동을 해 놓고 가게에 가서 양파, 피망, 토마토, 그리고 아히(aji)라고 하는 남미 고춧가루를 사서 돌아왔다.

이곳에서는 민물 매운탕을 어떻게 하는지 궁금하고, 프레디가 하는 요리를 배워 볼 참으로 더운데 씻지도 않고 지켜보았다.

매운탕을 여기서는 깔도(Caldo)라고 하는데 요리 방법이 약간 달랐다. 먼저 양파와 피망을 잘게 썰어서 한쪽에 놓고 토마토를 썰어 냄비에 넣은 뒤 고춧가루 아히(aji)를 조금 넣고 식용유와 물을 약간 넣고 볶는다. 내가 냉동 파와 마늘을 넣고 약간의 고춧가루와 조미료를 넣었다. 한참 끓기 시작하니까 손질한 물고기의 겉 부분 양쪽을 칼로 저민다. 그리고 두세 토막을 내어 끓인다. 한참을 끓인 뒤 다른 냄비에 식용유를 듬뿍 넣고 끓인 물고기의 살 부분만 건져 내어 다시 볶는다. 이때 생선 가시를 걸러 낸다. 그리고 약한 불에 익힌다.

거의 끝날 무렵에 바람이 몹시 심하게 불더니 전기가 나가 버렸다.

프레디의 깔도 요리

KOICA에서 준 전등을 켰으나, 너무 약해서 잘 보이지 않는다. 내 핸드폰으로 플래시 기능을 작동했다. 우리 돈 오륙 만 원의 아주 싼 핸드폰인데도 플래시 기능이 있어 매우 요긴하게 쓰인다. 그리고 충격에도 강해 몇 번을 땅에 떨어뜨렸어도 배터리만 분리될 뿐 고장이 안 난다. 전보다 훨씬 밝아졌다. 우리는 깜깜한 실내에서 시원한 맥주와 함께 식사를 했다. 매콤한 맛은 없어도 깔도 맛이 그런대로 좋았다.

천둥과 번개가 치다가 잠시 잠잠해지자 프레디가 집에 간다고 한다. 이제 남은 것은 잘 씻어야 하는 설거지가 남았다. 비린내를 없애기 위해 주방용 세제를 듬뿍 넣고 몇 번 헹구어서 정리했다.

아직도 밖에는 요란한 천둥소리와 함께 번개가 번쩍이고 있다.

역마살의 의미

파라과이에 온 지 7개월, 10월 21일

'역마살'을 사전에서 찾아보면 '늘 분주하게 이리저리 떠돌아다니게 된 액운'이라고 풀이해서, 주로 부정적인 의미로 쓰이고 있다. 아마 'ㅇㅇ살'이 좋지 않은 뜻으로 쓰고 있기 때문일 것이다.

물론 편안한 삶의 휴식처인 가정을 멀리하고, 객지로 나아가 고생하는 것은 좋은 의미로 보아 줄 수는 없을 것이다. 그러나 우리 인간에게는 정도의 차이는 있을지 몰라도 새로운 환경, 낯선 곳에 대한 동경, 또 그런 곳에서 생활해 보고 싶은 마음은 누구에게나 있을 것이다.

어릴 적 특히 남자아이들에게 인기 있었던 《톰 소오여의 모험》이나 《십오 소년 표류기》 등과 같은 소설은 무인도에 남겨진 주인공들이 문명의 자취가 전혀 없는 자연 속에서 원시적인 삶으로 많은 고생을 하다가 다시 문명의 세계로 돌아온다는 이야기로 미지의 세계를 경험해 보고 싶은 아이들에게 대리 만족을 주었기 때문에 꽤나 인기가 있지 않았나 싶다.

어느 정도 자라 청소년기가 되어서는 '무전여행'이라는 것이 유행한 적이 있었다. 글자 그대로 돈 한 푼 없이 그때그때 상황에 따라 적절히 대처하면서 여행을 즐긴다는 것이다. 지금 생각하면 위험천만한 발상이겠지만 과거 우리들이 어렸을 적만 해도 집안 살림은 어려웠지만, 그래도 인정은 후한 시대인지라 어려움에 처한 사람을 외면하지 않고 어떻게 하든 고통을 덜어주려고 했던 사람들이 살았던 시기였기에 가능했는지도 모르겠다.

이제 조금 더 지나 해마다 여름이 되면 가족이나 친구들과 숲속이나 바닷가로 피서를 떠나는데 천막과 침낭, 코펠, 버너 등을 꾸려서 며칠씩 야영생활을 하기도 했다. 나는 이런 것들이 소위 역마살을 지닌 인간들이 나름대로 그들의 문화로 가꾸어 가고 있는 것이 아닌가 한다. 이런 역마살의 근성은 비단 우리나라에만 있는 것은 아니다.

15, 16세기 유럽의 열강들이 앞을 다투어 자기 나라를 떠나 금은보화가 있다는 미지의 땅으로 떠난 것도 어떻게 보면 역마살을 지닌 사람들의 행동이 아닐까. 그렇게 떠난 이들이 개척한 아메리카 신대륙. 미국과 캐나다를 제외한 중남미 아메리카 전체를 지배해 버린 스페인과 포르투갈. 그 결과 그들을 지배했던 나라의 언어를 지금도 모국어로 쓰고 있는 중남미의 많은 나라. 정복자였던 그들은 그 무엇이 자기 나라의 언어와 풍습을 대서양 건너 그 넓은 중남미에 전파시킨 것일까?

사실 나도 새로운 곳에 대한 호기심 때문에 이곳에 와 있다고 할 수 있다. 평생 직장에만 매달려 있다가 고삐 풀린 망아지마냥 미지의 나라, 그리고 전혀 다른 언어와 풍습 속에서 생활해보고 싶은 충동을 어찌할 수 없었다. 그저 막연하게 세상 끝자락에서 우리와 다른 환경과 자연을 가지고 살아가는 사람들과 함께 호흡을 하며 살아보고 싶은 마음은 비단 나만이 아닐 것이다.

그런 생활을 할 수 있는 여건만 마련된다면 실행에 옮기고 싶은 사람들은 많이 있을 것이다. 자신의 건강, 경제적인 이유 그리고 시간과 가족 간의 합의 등이 이루어진다면 말이다. 그리고 중요한 것은 실행에 옮긴 후 자신의 의지와의 싸움에서 이겨나가야 한다는 점이다. 나는 요즘 끊임없는 자신의 의지와 싸우고 있지만, 나의 자발적인 의사와 상관없이 타의에 의해서, 또는 경제적인 문제를 해결하기 위한 수단으로 이곳에 왔다면 나는 매우 비굴하고, 나약하고, 처량한 모습으로 비추어질지 모르겠다.

그러나 지금의 나는 떳떳하고, 이곳 사람들과 함께 웃을 수 있고, 그들과 좋은 감정으로 교류하고 있어 나의 선택이 지금도 잘했다고 생각한다.

엘 깔라파테 빙하 지대에서

기증식 후 행사로 공연한 어린이들의 민속무용

나와 함께 사는 다른 가족

파라과이에 온 지 9개월, 11월 25일

　나는 현재 다른 가족들과 함께 생활하고 있다. 그들은 내가 입주하기 전부터 살아온 터줏대감들로 파리, 모기, 귀뚜라미, 도마뱀, 박쥐, 전갈 등이다.

　가족들을 하나하나 소개하면 다음과 같다.

　파리로 말하자면 왕파리인데 우리 집의 파수꾼 역할을 한다. 소리도 요란하고 날쌔고 용감하다. 내가 입주한 지 얼마 안 되어 식사를 하려는데 '윙윙'거리며 커다란 녀석이 날아온다. 그 녀석은 난생처음 맡아 보는 희한한 김치 냄새에 매료되어 정신없이 내 주위를 맴돈다. 그를 피해서 방으로 들어가면, 나를 따라 방으로 들어온다. 처음에는 그런 파리를 피하기 위해 방문을 열고 재빨리 들어가면 먼저 들어와 있는 녀석. 얄밉기 그지없었다. 또 방에서 나가면 역시 나와 함께 나온다. 매우 영리한 녀석이다. 자세히 관찰해 보니 이 녀석은 나를 따라오는 것이 아니라 나의 정수리 위에서 맴돌며 나와 행동을 같이 하고 있는 것이다. 그러니 내가 나가면 같이 나가게 되고 들어와서 아무리 빨리 문을 닫아도 이미 들어와 있는 것이다. 이 녀석을 따돌리는 방법은 두 가지인데, 하나는 내가 밖으로 나가면서 녀석을 유도하여 같이 따라 밖으로 나올 때 나만 얼른 들어와 문을 닫아서 내쫓는 방법이 있고, 다른 방법은 공간이 좁은 화장실로 유도하여 문을 닫고 수건으로 쳐서 뇌진탕으로 쓰러지게 하는 방법이 있다.

더운 이곳에서는 모기가 극성이다. 모든 모기는 아니지만 특정 모기에 물리면 '댕기열'이라는 열대 지방에서 많이 걸리는 병에 걸리기 때문에 조심해야 한다. 다행히 이런 모기에 대비해 약을 많이 준비해서 모기 기피제를 뿌리고, 밤에는 모기장을 치고 자기 때문에 밤에는 모기들이 접근을 못 한다. 그러나 밤낮을 가리지 않고 덤벼들기 때문에 고역이다.

귀뚜라미도 한몫을 톡톡히 한다. 주로 화장실 등 습기가 많은 곳에서 사는 야행성 곤충으로 크기가 우리나라 것들보다 더 크고 움직임이 활발하다. 특이한 점은 이놈들은 식물성 섬유인 옷감을 쏠아서 못 쓰게 한다는 것이다.

도마뱀은 두 종류가 있다. 하나는 바깥 풀숲이나 돌멩이 등에서 사는 독이 없는 녀석으로 크기가 집에서 사는 놈들보다 크다. 다른 하나는 집 안에서 사람들과 함께 사는 녀석. 이 녀석은 몸은 작고 연약해 보여도 피부에 독이 있어서 조심해야 한다. 특히, 부엌 천장에서 놀다가 음식이나 물에 떨어질 염려가 있으므로 평상시에 반드시 뚜껑을 덮어 놓아야 한다고 한다. 얼마 전 우리 집 창문에 사는 도마뱀을 잡았는데 보기에는 연약하고 귀엽게 보일지 모르지만 독을 가졌기 때문에 조심해서 잡아 비닐봉지에 넣어서 질식사시켰다.

박쥐도 두 종류가 있는데 하나는 소의 피부에 붙어서 소의 피를 빠는 흡혈 박쥐가 있고 과일나무 주위에 서식하면서 과일의 즙을 먹고 사는 과일 박쥐가 있다. 독이 있는지는 모르겠으나 생김생김이 징그럽게 생겨 정이 안 가는 놈들이다. 얼마 전 밖에 나갔다 집에 들어오는데 바닥에 검은 물체가 움직이는 것을 보고 불을 켜 보니 징그럽게 생긴 놈이 꿈틀거리고 있었다. 새끼 박쥐였다. 어디서 왔는지, 어디에서 누구랑 사는지는 끝내 못 밝혀냈지만 지금도 꺼림직하다.

이곳에서는 전갈이 흔한 곤충이다. 꼬리에 독이 있어 물리면 큰일이 난다. 얼마 전 학교에서 7학년 아이들이 살아 있는 전갈을 잡아서 다른 아이들을 놀리는 것을 보았다. 마치 우리나라에서 남자아이가 지렁이를 가지고 여자아이들을 놀리는 것처럼.

얼마 전 내 방 안에서 전갈이 발견되었는데 다행히 죽어 있었다. 어디서 어떻게 죽었는지 모르겠으나 꺼림직하기는 마찬가지다.

마지막으로 크기가 가장 작은 개미들이다.

비교적 큰 개미들은 들판이나 초원 등지에서 땅 속에 집을 짓고 무리를 지어 사는데 집을 짓느라 퍼낸 흙들이 보통 1~2미터쯤 되는 높이로 쌓여 있는 흙더미를 쉽게 볼 수 있다. 아마 그 주위 땅속에는 개미들의 요새가 숨어 있을 것이다.

집 안에는 젊은 사람들의 눈에만 보일 것 같은 작은 개미들이 주방 근처에 사는데 주로 고기, 돼지비계, 과일껍질 등을 좋아해서 무리를 지어 다니는데 처음에는 그것이 개미인 줄 모르고 검은 띠가 있어 손으로 문질렀더니 순식간에 사라진다. 빠르기는 제일가는 녀석들이다.

이렇게 나는 여러 가족들과 함께 살아가고 있다.

동네 어귀에서 실시한 경마대회 기수와 함께

파라과이에서 성공한 교민

파라과이에 온 지 9개월, 12월 12일

7일 저녁, 파라과이에서 사업에 성공한 교민의 집에 초대를 받아서 파라과이에서 근무하고 있는 봉사 단원 약 7십여 명과 대사관의 대사님과 영사 등 십여 명이 함께 양계장 사업을 하고 있는 교민의 집을 방문했다.

그는 달걀을 생산하여 '누뜨리 우에보'라는 상호로 전국적인 판매망을 갖추어 판매량이 동일 업종에서 3위 안에 든다고 하는데 그는 다른 제품보다 조금 싸게 그리고 품질이나 포장을 깨끗하게 하여 현지인들의 시선을 끌게 한다는 것이다. 이렇게 소비가 많은 이유는 파라과이 사람들이 소고기 다음으로 닭고기와 달걀을 많이 먹기 때문이다.

하루에 달걀을 50~55만 개 생산하고 여름철이 되면 매일 8십만 개까지 생산한다고 하니 어마어마한 숫자이다. 양계장이 여러 군데 있는데 자동화 시설을 갖추어 거의 모든 것이 자동으로 되어 있다고 한다.

양계 사업에 성공한 교민의 산 로렌소(san rolenzo)에 있는 집을 방문했는데, 그 집의 규모와 관리 상태에 또 한 번 놀랐다. 정리되어 있는 조경수 수목이 마치 프랑스 베르사유 궁전 후원에 있는 수목 같은 느낌을 받았다. 잔디 관리가 너무 잘되어 마치 양탄자를 밟고 있는 느낌이었다.

그러나 이런 성공이 순탄하게 이루어진 것은 아니었고, 그에게도 많은 시련이 있었다고 한다.

25년 전에 양계사업에 손을 댄 교민은 하루 달걀이 6만 개 정도 나올 때, 갑자기 전염병이 돌아 닭들이 몰살하는 시련도 겪었다고 한다. 그런 시련을 딛고 일어섰기 때문에 오늘의 성공이 있지 않나 싶었다.

마치 우리가 어느 작은 왕궁에 초대받은 기분이었다. 저녁 만찬도 한식으로 준비되었는데 그 맛이 너무 좋아 오랜만에 고향의 맛을 본 단원들의 찬사가 끊이지 않았다. 식사가 끝나고 음악 단원들이 중심이 되어 준비한 작은 음악회가 열리고, 한국 사람들의 사랑을 받는 '노래방'이 작동되어 노래 열창이 진행되었다.

집으로 돌아오면서 그 교민이 파라과이 전역에 일구어 놓은 사업의 결과만을 보고 부러워할 것이 아니라, 중요한 것은 아무도 도와주는 사람 없는 동양인이 일 년 내내 덥고 척박한 이곳 파라과이에 와서 수많은 닭들과 씨름하며 두 팔을 걷어 부치고 억척스레 땀을 흘리며 역경을 극복한 그의 불굴의 의지가 오늘을 있게 한 것이 아닌가 하는 생각을 했다. 그리고 이런 과정을 모델로 하여 제2, 제3의 '누뜨리 우에보' 사장이 나오기를 기대해 본다.

제2의 고향에 다시 돌아오다

파라과이에 온 지 11개월, 1월 31일

1월 12일에 떠났던 그 자리로 다시 돌아왔다.

서울로의 짧은 나들이를 통해 딸아이의 짝을 지어 주고, 든든한 사위를 만나 보고 뿌듯한 마음으로 돌아왔다. 가족과 친지들을 만나고, 여러 지인들과 식사도 하면서 마치 전쟁터에 나갔던 병사가 무용담을 하듯 길지 않은 파라과이 생활 동안 느꼈던 것들을 이야기하느라 시간 가는 줄 몰랐다.

그리고 다시 귀로에 올랐다.

긴 꿈이 깨어나는 시간이었다. 긴 여행으로 피곤했지만, 그보다도 나와 함께 와야 할 짐들이 함께 오지 못하고 현재 프랑스 파리 공항에 묶여 있다고 한다. 공항 담당자의 전화에 의하면 짐 분류에 착오가 있어 내일 아순시온 공항에 도착한다고 한다.

고맙게도 나를 환영하기 위해 공항까지 마중 나온 프레디와 함께 버스를 타고 KOICA 사무소까지 갔다. 무사귀환 보고와 함께 설 명절 선물을 인수하기 위해서였다.

프레디의 차가 며칠 전 친구가 몰고 나가 사고가 나서 정비소에 있기 때문에 차를 못가지고 나왔다고 한다. 내 짐이 함께 오지 못했기 때문에 프레디의 차가 소용없었다. 이왕 시내까지 왔으니 4시장에 들러 앞으로 먹을 김치 5킬로그램을 사서 집으로 왔다. 오늘 하루 동안 버스를 타고 공항으로, 사무소로, 시장으로 동행해 준 프레디가 너무 고마웠다. 집에 도착해서 시원한 음료를 나누며 감사를 표했다.

긴 여행을 마치고 돌아온 파라과이의 보금자리. 홈 스위트 홈(Home sweet home).

그동안 내가 없는 사이, 우리 집은 변한 것이 아무 것도 없다. 앞뜰에 잔디가 무성하게 자라고, 뒷마당에 망고가 떨어져 까맣게 말라가고 있는 것 외엔. 우리나라도 나 없는 동안, 무심하게 잘만 돌아가고 있었다. 내가 있는지 없어졌는지 아무 관심도 없이 바쁜 사회는 정신없이 돌아가고 있었다. 먼 곳에 있으면서 나라 걱정, 사회 걱정을 한 내가 바보스럽게 느껴진다. 나 없이도 잘만 돌아가고 있는 것을…

집을 떠나면 가족의 소중함을 알게 되고, 나라를 떠나 외국에 있으면 누구나 애국자가 된다는 말이 실감이 난다. 이제 다시 돌아왔으니 가족 생각과 나라 걱정은 잠시 접어 두고 이곳 생활에 충실해야겠다.

왜냐하면 잠깐 보고 온 가족이 너무 그리워 마음의 갈등이 생기면 상대적으로 이쪽 생활이 무미건조해질 우려가 있기 때문에 앞으로 남은 기간 동안 파라과이 생활에 좀 더 충실해야겠다.

더 나아가 파라과이 사람과 문화 그리고 기후까지도 사랑해야겠다.

파라과이에서 생일을 맞다

파라과이에 온 지 11개월, 2월 17일

　한국을 다녀온 이후 후유증으로 마음이 안정되지 않았는데 생일을 맞이하여 동료 단원들이 멀리서 찾아와 주어서 잠시나마 즐거운 시간을 보낼 수 있었다. 동기 단원들이 우리 집을 방문한다고 하기에 하루 밤은 우리 집에서 함께 자고 가야 할 것 같아 주인집에서 저녁을 아사도로 해결하고 이튿날 아침은 가볍게 밥과 국을 준비해야겠다고 생각하고 주인집에 갔더니 주인 세 식구가 외국 여행을 가서 다음 주 월요일에 온다고 한다. 할 수 없이 급하면 찾게 되는 프레디에게 전화해서 해결책을 의논해 보았다.

　파라과이는 파티 문화가 잘 되어있어서 파티에 필요한 것들을 빌려주는 데가 있었다. 식탁, 식탁보, 의자, 포크, 나이프, 수저, 접시 등 12인용을 빌리는데 3만 6천 과라니(우리 돈으로 9,000원 정도)라고 한다.

　장소는 우리 집 뒤뜰로 평소 나의 체력 단련장으로 사용하고 있는데 가족파티를 할 수 있게 지붕이 있는 공간이다. 여기에 청소하고 고기를 구워 주고 서빙해 주는 사람을 프레디가 데려와서 일을 하게 했다.(일당 40,000과라니) 고기를 굽는 불판은 이사 간 옆집에 있는 것을 옮겨 보수해서 쓰기로 했다.

지난 14일, 비가 오는 중에 식료품을 사기 위해 아순시온에 갔다.

버스에서 내렸는데 빗물이 도로가를 흘러 넘쳐 인도로 올라갈 수가 없었다. 결국 신발이 다 젖고서야 인도로 올라갔는데 도로를 달리는 차들은 막무가내다. 지나가면서 물세례를 받아야 했다. 길이나 도로에서 '사람 중심'이라는 말은 이곳 파라과이에서는 통하지 않는다. 철저하게 '차 중심'이 되어 있었다.

몇 가지 식료품과 콩나물, 두부, 아삭이 고추 등을 사서 돌아왔다.

당일 날.

아사도에 쓰일 갈비 아랫배 부분을 6.5킬로그램, 쪼리소(돼지고기 소시지) 5백 그램과 숯을 사 왔다.

저녁 때가 되어 단원들이 도착했다.

국외여행 중인 단원과 오늘 연주회가 있어 못 온 두 명을 제외한 10명의 단원들이 파라과이 각처에서 나의 생일을 축하해 주기 위해 이곳 누에바 이탈리아까지 한달음으로 달려온 것이다. 젊은 단원들의 성의가 너무 고마웠다.

밥과 된장국과 김치를 비롯한 기본 반찬을 놓고 아사도에 한국의 '양념갈비' 소스를 발라 구웠다.

동료 단원, 프레디와 함께 식사를 맛있게 하고 있는데 작년 스페인어 선생인 릴리(lily)가 그의 아들과 함께 왔다. 조촐한 생일 파티가 시작된 것이다.

동료들이 정성을 모아 준비해 온 선물에 또 한 번 감격했다. 단원들이 준비해 온 케이크와 프레디가 가져온 와인과 함께 생일 축하 노래를 4개 국어(한국어, 영어, 스페인어, 과라니어)로 부르고 난 후 그동안 쌓였

단원들과 함께한 생일

던 이야기와 정다운 담소가 이어졌다.

파티가 새벽 두 시가 지나서 끝이 났다.

끝나기 한 시간 전에 릴리와 그의 아들이 돌아갔는데 여러 단원 중에서 우리 동기들에게 애정을 가진 릴리가 너무 고마웠다. 우리 단원들과 얘기를 나누며 와인과 맥주를 마시던 프레디도 잠시 후 그의 오토바이를 타고 떠나고 이제 우리 단원들만 남았다. 우리들은 그동안 쌓였던 얘기와 내가 사는 누에바 이탈리아에 대해 이야기를 나누었다. 그리고 지금까지 잘 지내 왔으니 이제 앞으로 남은 일 년 동안 모두모두 건강하고 성공적인 임무 완성을 위해 열심히 노력하고 큰 보람을 안고 돌아가자고 약속했다.

그 어느 때의 생일보다 지금 이곳에서 보낸 생일이 큰 의미가 있었다. 멀리 떨어져 있는 이국땅에서 함께 고생하고, 함께 격려해 주는 동료 단원들과 친절한 현지인들과 함께했기 때문일 것이다.

첫 미술 시간에 태극기를 그리고 있는 파라과이 어린이

한국 고추가 파라과이 땅에서

파라과이에 온 지 1년, 3월 23일

  작년 3월, 파라과이로 올 때 가지고 온 씨앗으로 고추를 키워 보려고 모종을 냈었다.

  그동안 뒤뜰에 떨어진 낙엽들을 모아 태워서 생긴 재를 긁어 모아 라면상자에 담아 놓고 씨앗은 물에 적신 휴지에 깔아 놓았더니 이틀 후에 발아하기 시작했다. 이 씨앗을 재를 담은 라면상자에 심어 매일 물을 주어 정성을 들였다. 물이 담긴 생수병을 거꾸로 박아서 물이 천천히 스며들게 하였다. 어느 정도 자라서 뒤뜰의 잔디밭을 삽으로 파서 약간의 터를 마련한 뒤 이곳에 모종을 심었다.

  더운 지방의 잔디들은 옆으로 퍼져 번식하기 때문에 괭이로 땅을 파기가 생각보다 쉽지 않았다. 일 못하는 사람이 연장 탓만 한다고 했던가. 이곳 괭이는 두어 번 찍으면 괭이 날이 휘어진다. 쉬다 파다를 반복하다 2평의 밭을 일구었다.

  매일 저녁, 물을 주고 잡풀도 뽑아 주었다.

  같이 심은 옥수수도 잘 자라고 있었다.

  지난 1월, 그날도 컴퓨터로 수업 자료를 만들고 있는데 밖에서 이상

한 소리가 들린다. 뒤뜰 창문을 보니 커다란 소 3마리가 들어와 있는 것이 아닌가! 깜짝 놀라 나가 보았다.

우리 집에는 대문이 두 개 있는데 작은 문은 사람이 드나드는 문, 또 하나는 차가 들어오는 큰 문인데 쓰지 않아 문고리를 땅에 박아서 못 열리게 해 놓고 자물쇠를 걸지 않았다. 집 바깥에서 소들이 풀을 뜯다가 문 쪽을 머리로 밀고 들어온 것이다. 이 소들이 현관을 통해 뒤뜰로 들어와서 풀을 뜯고 있는 것이다.

황당하고 겁도 나고 놀라고⋯

근처에 있던 작대기를 들고 소를 쫓았다. 그 소들도 놀랐는지 냅다 뛰어 나가는데 땅이 쿵쿵 울린다.

소를 내쫓고 들어와 보니 아! 잘 자라던 텃밭이 엉망이 되어 버렸다. 그 못된 소들이 짓밟고 뜯어먹었다. 속상해서 그 이후로 텃밭을 가꾸지 않고 버려 두었다.

얼마 전에 우연히 살펴보았는데 전멸이었던 곳에서 고추 하나가 살아 있는 것이다. 강한 햇볕 아래 하얀 꽃도 피웠다.

남미의 강한 다른 풀들 틈에서 겨우겨우 살아가고 있는 것 같았다.

생명의 강인함을 이곳 남미 땅에 뿌리를 내린 한국 고추에게서 배울 수 있었다. 너무 기특하고 가엾어서 매일 해가 떨어진 저녁을 기다려 물을 주었다. 낮에는 햇살이 너무 강해서 시들어 있다가 저녁에 주는 물로 기운을 차리는 것 같았다. 고추야! 한국인의 강한 의지를 파라과이에서 보여 주어라.

새로 오신 시니어 단원들과 함께

파라과이에 온 지 1년 4개월, 6월 24일

금년 3월초, 시니어 단원 부부가 복무를 마치고 귀국하신 이후, 4월, 6월에 시니어 단원이 한 분씩, 그것도 초등 교장 출신이 새로 오셨다. 오늘은 이분들과 작년에 오신 중장기자문단 한 분과 자리를 함께했다. 모두가 동서남북으로 갈라져 활동하겠지만 가끔 이렇게 만나서 얘기할 수 있는 기회가 있을 것 같아 적적함이 한결 줄어들 것 같다.

새로 오신 두 분도 내가 작년에 그랬던 것처럼 현지어에 대한 걱정을 많이 하고 계신다.

그러나 실지로 임지에 부임해서 활동하면 언어 소통에는 크게 문제가 없다고 하면서 언어로 인해 스트레스를 받기 보다는 즐거운 마음으로 현지인들과 소통하는 것이 중요하다는 말도 덧붙였다.

우리는 중장기자문단원이 생활하고 있는 아순시온의 한 아파트로 안내받아 갔다. 파라과이에서는 보기 드문 13층 고층아파트에 살고 있는데 창밖으로 파라과이 강이 내려다보이는 전망 좋은 아파트였다. 우측으로 대통령 궁이 있어 이곳도 대통령의 집무실과 다를 바 없었다. 넷이서 점심을 함께하며 즐거운 시간을 보낸 후 거리로 나왔다.

내가 몇 시간씩 버스를 바꿔 타면서 와야 했던 센트로 중심상가가 아파트에서 나오자 바로 눈에 들어온다.

이곳 센트로에는 다양한 상가와 백화점이 있고 파라과이 역사적 의미가 있는 영웅전, 그리고 지금은 그 흔적만 남아 있지만, 과거 남미 여러 나라와 물자 교역에 있어서 중요한 구실을 하던 기차역이 있고 공원이 넓게 자리하고 있어 그야말로 파라과이의 수도 중심지다운 역할을 충분히 하고 있다.

시가지로 걸어 나오면서 파라과이에 와서 현지어 공부할 때 들어가 보았던 '영웅전'에 잠시 들렀다. 영웅전은 파라과이가 3국 동맹 전쟁 당시, 조국 파라과이를 위해 몸을 바쳤던 영웅들을 기리기 위해 세운 곳으로 많은 관광객들이 찾는 곳이다.

사실 3국 동맹 전쟁(파라과이가 우루과이, 아르헨티나, 브라질의 3국 동맹국을 대상으로 싸운 전쟁)으로 전 인구의 80%가 죽고, 남자는 10명 중 9명이 죽어가서 민족 전체가 공중분해 될 뻔한 비참한 전쟁이었다. 대부분 모계 중심인 남미에서 찾아보기 힘든 남아선호 사상과 남자 중심 사상이 파라과이에 존재하는 것은 이런 역사적인 배경 때문이 아닐까 한다.

모처럼 아순시온 센트로 거리를, 나와 같은 입장에 있는 분들과 담소를 나누면서 걸을 수 있는 기회를 갖게 된 것에 감사하고, 가끔 서로의 안부를 묻고 대화할 상대가 생겨 서로 의지할 수 있다는 점에 만족하며 그분들이 오신 것을 진심으로 환영한다.

20킬로미터, 나 홀로 행군

파라과이에 온 지 1년 4개월, 7월 19일

작년 11월, 이용하는 회원이 없어 운동하던 체육관이 폐쇄된 이후 동네를 걷는 것으로 운동을 대신해 왔다.

처음에는 그것도 낯설어 망설여지기도 했다. 무엇보다 외딴집이나 동네 어귀를 들어설 때면 개들이 우렁차게 짖어 대며 달려들었다. 이곳 개들은 고기만 먹어서 그런지 셰퍼드같이 덩치가 커서 생김새만 봐도 겁에 질리는데, 개를 별로 좋아하지 않는 나로서는 고역이었다.

내가 사는 집주인이 작년 말쯤에 강아지 한 마리를 데려다가 키웠는데 저녁에 가면 낑낑거리며 어미를 찾는 모습이 안쓰러웠다. 얼마 전 임대료 지불 관계로 주인집에 들렀는데 난데없이 달려드는 엄청난 크기의 개 때문에 놀랐다. 가끔 가면 덩치는 커도 순한 개였는데 아마 나를 자주 보지 않아 몰라본 것 같았다. 나중에 제 딴에는 반갑다고 꼬리를 흔들며 앞발로 나의 가슴을 부비 대는데 키가 거의 나와 비슷했다.

빠른 걸음으로 동네 외곽을 한 바퀴 돌고 나면 한 시간 4십 분 정도 걸린다. 그런데 얼마 전부터 더 멀리 갔다 오고 싶은 욕심이 생겼다.

지도를 보니 우리 집에서 나와 우측으로 5킬로미터쯤 가서 왼쪽으로 크게 사각형 모양으로 돌아서 집에 오면 약 20킬로미터 되는 거리가 있다.

그곳을 이번 방학 중에 다녀오리라 생각하고 며칠 전 시도를 했는데 비가 와서 중간에 길이 끊어져 도저히 건널 수가 없어 실패하고 되돌아 왔는데 오늘 마침내 시도하게 되었다.

만반의 준비를 하고 아침 7시 37분에 집을 출발. 내가 늘 걷던 3킬로미터 정도에 있는 집 짓는 벽돌 굽는 터를 지나는데 사람들이 나를 알아보고 인사를 한다. 늘 운동복 차림이 아닌 나의 복장을 보고 어디 가느냐고 묻는다. 가는 방향을 가리키면서 목적지를 말하니까 2시간 정도 걸린다고 한다. 알았다고 인사를 하고 또 걸었다.

며칠 전 길이 끊긴 곳까지 왔다. 사방을 둘러봐도 한 사람도 없다. 가끔 풀을 뜯는 소들밖에… 역시 건너기가 만만치 않았다. 귀퉁이 풀을 조심스레 밟고 건너다 결국 물에 빠졌다. 운동화와 양말이 다 젖었다. 그냥 걸었다. 이렇게 넓은 들판을, 그것도 나 홀로 걷는 것도 처음이었다.

벽돌 굽는 곳에서 2킬로미터쯤 지나니 작은 숲이 나타났다. 마치 시골 동네 어귀 같았다. 한참을 걷다 보니 사탕수수를 수확하는 사람들이 있었다. 내가 인사를 하자 반가운 듯한 표정으로 어디 가냐고 묻는다. 파라과이 사람들 특징이 언제나 밝은 표정으로 말을 걸어온다. 참 정겨운 사람들이다.

그러나 물론 여자들은 예외이다. 함부로 여자들에게 말을 거는 것은 예의에 어긋난다고 한다. 특히 젊은 여자일수록…

이제 이곳은 빌리에타(Villeta)이고, 계속 곧장 가다가 왼쪽으로 꺾어서 가라고 한다.

다시 물을 마시고 걷고 또 걷는다. 넓은 사탕수수 밭이 나왔다. 그곳에서 사람들이 사탕수수를 수확하고 있었다. 수확을 하고 있는 밭에 작은 모종이 또 자라고 있었다. 사람이 심어 놓은 것인지 확인하기 위해 밭에 들어가 보는데 일하던 사람들이 나를 부른다. 오라는 것이다. 이곳에서 같이 일하자는 것이다. 웃으면서 내가 얼마를 주겠느냐고 하니 만 과라니를 준다고 농담을 한다. 한 사람이 사탕수수를 칼로 베더니 껍질을 벗겨서 나를 준다. 겉은 대나무처럼 딱딱하게 생겼는데, 씹으면 푸석푸석하지만 무척 달다. 그곳 인부들과 한참을 떠들다가 다시 걸어 10킬로미터 지점까지 왔다.

잠시 그늘에 앉아 물을 마시고 시계를 봤다. 9시 30분이었다.

집을 떠난 지 2시간이 지났다.

집에서 오른쪽 방향으로 출발했으니 이제는 왼쪽 방향으로 6킬로미터를 가야 한다.

뙤약볕에 홀로 걷노라니 오토바이 탄 사람이 태워 준다고 타라는 것이다. 나는 괜찮다 고맙다는 뜻으로 손을 흔들어 인사를 했다.

집에 오는 동안, 이렇게 오토바이 탄 사람이 세 번, 사탕수수를 실어 나르는 덤프트럭 운전사가 한 번, 태워 준다며 타라는 것이다.

우리나라에서는 '야타족'이 나쁜 의미로 쓰이고 있지만, 이곳에서는 친절한 사람들이 남의 배려를 위한 의미로 쓰이고 있는 것이다.

이어폰으로 음악을 들으면서 지나가는 차를 보고 손을 들어 인사하면서 그렇게 또 6킬로미터를 왔다. 이제부터는 버스 다니는 길로 접어들어 집 방향으로 4킬로미터만 가면 된다. 그동안 버스를 타고 다니면서 많이 봤던 길이다. 곧게 뻗은 길로 걸으면서 차량들의 매연이 많을 것을 걱정했는데 생각보다 매연이 적었다. 차량도 그다지 많지 않았다. 그러나 길가에 흩어져 있는 생활 쓰레기, 비닐봉지 등이 널려 있었다. 사람들이 집에서 생긴 쓰레기를 사람이 없는 한적한 곳에다 버리기 때문에 도로 양옆에는 항상 쓰레기로 뒤범벅이 되어 있었다.

드디어 동네까지 왔다. 점심을 먹고 들어가려고 식당에 왔다. 시계를 보니 11시 30분. 꼭 4시간 걸린 셈이다.

목도 마르고 배도 고팠다.

그러나 오늘 경험한 행군은 결코 잊을 수 없을 것 같다. 우리 땅이 아닌 파라과이에서 처음부터 마칠 때까지 사람이 없는 허허벌판을 끝까지 포기하지 않고 먼 거리를 혼자서 걸어 왔기 때문이다. 그리고 힘들었지만 나 스스로 세운 목표를 달성했기 때문이리라.

사탕수수밭에서

대한민국 새 책상을 선물하다

파라과이에 온 지 1년 5개월, 8월 13일

내가 근무하는 학교는 우리 동네에 있는 초등학교 중에서 학생 수가 가장 많은 학교이다. 학급당 30명 정도이고 이를 넘는 학급도 있다. 이 학교에 근무한 지 어언 2년 차다.

요즘은 KOICA 현장사업으로 바쁜 나날을 보내고 있다. 학교 규모에 비해 형편없는 시설 때문에 어린 학생들이 피해를 보고 있다. 그러나 학생, 학부모, 교사 누구 하나 환경 개선을 호소하는 이는 없다. 교육 당국자들의 적극적 관심이 없는 마당에 누구를 원망할 수가 없기 때문일 것이다.

작년 여름방학(12월)부터 사전 기초 조사와 교장, 교사, 학생들의 의견을 수렴하여 이 학교에 꼭 필요한 시설 중에 하나인 '학생용 책걸상'을 바꾸어 주기로 했다.

처음에는 우리나라 책걸상과 비슷한 다리는 금속이고 책상과 의자가 분리된, 그래서 책상 면이 넓은 책상으로 교체해 주려고 했다. 왜냐하면 현재 아이들이 쓰는 책상은 의자와 책상이 한데 붙어 있고, 책상 면은 좁아서 작은 공책 하나 얹어 놓으면 다른 학용품을 놓을 공간이 없어 지우개 등 다른 학용품은 왼손에 쥐고 글을 쓰는 모습이 안타까웠기 때문이다.

교장과 교사들에게 이런 생각을 얘기했더니 뜻밖에 난감해 하는 것이다.

첫째, 책상과 의자가 분리되는 것은 공간을 많이 차지해서 학생 수가 많은 이곳에는 어울리지 않는다는 것이다.

둘째, 내가 주장하는 금속 다리 받침의 책상은 금방 망가져서 오래 못 간다는 것이다.

내가 이해하지 못하니까 다른 교실의 책상을 보여 준다. 모양은 우리나라 책상과 비슷했지만 쇠판을 사각으로 접어 용접한 것이어서 용접이 쉽게 떨어지고 쇠판이 얇아 꺾여서 무용지물이 된 것이 많이 있었다. 한번 고장 나면 목재로 만든 책상보다 재활용하기가 쉽지 않게 보였다.

그래서 고민하다가 목제 책상을 내 방식대로 설계를 했다. 책걸상을 일체형으로 하되 책상 면을 넓게 해서 책상의 구실을 할 수 있도록 하고, 의자 아래에는 학용품을 놓을 수 있도록 선반을 달도록 했다. 등받이는 10도 정도 휘게 해서 아이들이 오래 앉아도 피곤하지 않도록 하여 두세 군데 견적을 받아서 두 교실용 책걸상 60조를 제작 의뢰했다.

비싼 가격이었지만 나름 탄탄하게 제작할 것 같았고, 관인 영수증이 발급되는 업체여서 의뢰했는데 계약금으로 50퍼센트를 달라는 것이다. 옥신각신하다가 결국 30퍼센트를 계약금으로 주기로 했다. 이곳 업체가 영세하기 때문에 재료 구입할 돈이 필요하다는 것이다. 중간에 중도금 명목으로 조금 더 지불되어서, 얼마 전에 두 교실 분의 책상이 교체되었다.

　담임교사와 아이들이 좋아서 어쩔 줄을 모른다. 연신 나에게 고맙다고 인사를 한다.

　좋아하는 그들에게 '내가 해 준 것이 아니다. 대한민국 그리고 KOICA에서 아이들에게 열심히 공부하라고 선물한 것이다.'라고 했다.

　친구 프레디가 책상을 요리조리 살펴보더니 내게 와서 "책상을 선물해 줘서 고맙다. 그리고 프랑코(나의 현지어 이름)의 책상 설계가 놀랍다. 왜냐하면 아이들을 위해 등받이를 뒤로 휘게 한 것은 역시 한국에서 교장을 했기 때문일 것이다" 해서 한바탕 웃었다.

새로 마련한 저학년용 책상

　현재는 2학년, 3학년용 60조를 제작했지만, 환율 인상 때문에 여유가 있어 4학년용으로도 30조를 추가로 주문할 수 있을 것 같다.

　업체들이 영세해서 30조를 먼저 만들어서 납품하고 나중에 나머지를 가져왔다. 무료 수리 기간을 2년으로 하고 나중에 보수를 위해 경첩과 못을 30개씩 여분으로 가져오라고 했다. 여기서는 못과 경첩도 귀한 대접을 받는다.

　교사나 학생들 누구도 이런 열악한 교육 환경에도 불평하지 않는다.

　새 책상을 가진 아이들이 진심으로 대한민국에 고마운 마음을 갖기를 기대한다. 다음에는 급식실 환경 개선에 치중해야 할 것 같다.

집 지어 주기 봉사활동의 힘든 과정을 마친 동료들과 함께

나는 행복한 사람이다

파라과이에 온 지 1년 6개월, 9월 11일

아, 나는 행복한 사람이다.

큰아이가 지난 6일, 체중 3.75킬로그램의 건강한 여아를 자연 분만했다. 한 달여 전 다니던 회사에 출산휴가를 내고 배 속 아기를 위해 운동을 게을리하지 않고, 먹고 자는 일 등 모두 아기를 위해 노력한 결과 큰 어려움 없이 순산했다는 것이다. 병원에서 3일 만에 퇴원해서 지금은 산후조리원에서 회복 중에 있단다. 아기의 울음소리가 곱고 맑아 태어나면서부터 여자아이임을 알 수 있었다고 한다. 큰사위 형제가 모두 남자들이고 딸이 귀한 집안이어서 더욱 기뻐했다고 한다.

아직 아가의 이름을 얻지 못해 '예쁜이'라는 태명을 쓰고 있는 아기는 아직 세상에 나온 것을 모르고 있는 듯 평온하게 자고 있다.

아, 나는 행복한 사람이다.

나와 아내가 아직은 건강하고, 두 딸 모두 좋은 짝을 만나 사는 것도 행복하고, 특히 사돈댁 가족들 모두 애들 편에서 생각하고, 도와주는 것 또한 고맙기 그지없다. 결혼해서 오래도록 아이가 없으면 어쩌나 내심 걱정했는데, 이렇게 때가 되니 귀여운 손자손녀 소식을 내게

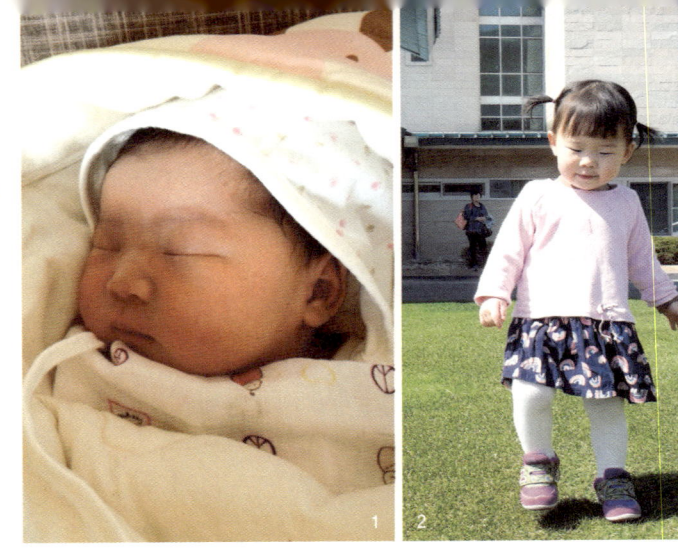

1. 갓 태어난 예은이
2. 현재 모습 (2015년 5월)

선물해 주니 더욱 행복하다.

공교롭게도 큰 아이의 출산 하루 후에 시윤이의 첫돌 잔치가 있었다고 한다. 갓 태어난 예은이 작년 이맘때 둘째 아이가 시윤이를 낳아 내게 기쁨을 주었는데, 벌써 일 년이 된 것이다. 친척들과 지인들이 많이 와서 축하를 해 주었다고 한다.

앞으로도 귀여운 아가 자라는 소식과 시윤이의 재롱 모습으로 나는 더 행복해 질 것 같다.

2015년 5월. 태어난 지 벌써 20개월이 된 예은이가 영국에서 잠시 다니러 들어왔다. 처음에는 나를 서먹하게 대하더니 하루가 지나니 '하레비지, 하레비지!' 하고 잘 따른다. 걷기보다는 주로 뛰다가 멈추지 못하고 부딪히기도 하지만 생각보다 잘 걷는다. 시윤이랑 같이 있으면, 매사 시윤이의 행동 그대로 따라서 하려고 한다. 한창 호기심이 많은 예은이의 자라는 모습이 사랑스럽다.

봄의 빛깔

파라과이에 온 지 1년 6개월, 9월 22일

9월 21일은 봄이 시작되는 날이자, 청소년의 날이기도 하다. 봄은 그렇게 9월 21일부터 시작해서 12월 20일까지 계속된다.

그런데 금년에는 비가 자주 오고 추운 날도 많아서 더운 파라과이가 실감이 나지 않을 정도이다. 며칠 전, 삼사 일 정도 낮 기온이 30도가 넘는 날이 계속된 날이 있을 정도였다.

학교에서 집으로 가는 길, 가로수에 봄을 상징하는 노란 꽃이 피었다. 마치 우리의 봄을 알리는 개나리꽃처럼… 그 색깔이 무엇과도 비교할 수 없을 만큼 고왔다. 다른 동네에는 굵은 나무에 노란 꽃 외에 분홍색 꽃, 보라색 꽃들도 피어난다. 우리나라에서는 4월 초에 봄을 맞이하기 위해 작고 아담한 화분에 봄꽃들을 심어 가꾸는 집이 많기도 하고, 화원에는 빨갛고 노란 색 등 다양한 색깔의 화초를 밖에 내놓고 파는 곳이 많이 있는데 이곳에서는 그런 초본 식물은 찾아볼 수 없고 주로 정원수나 가로수 나무에 봄을 알리는 꽃이 피어 있다. 커다란 가로수에 소담스럽게 피어 있는 아름다운 꽃들이 여기가 파라과이임을 알려주고 있었다.

며칠 전에는 우리 마을에서 인근에 있는 8개 초등학교 학생들의 학예발표대회가 있었다. 유치원 아이들은 주로 교사나 학생이 대사를 읽어 주면 그 대사에 맞추어서 연극을 하는데 신데렐라와 예수 탄생 등 동화 속 내용을 소재로 연극을 하는데 지도교사와 학부모의 관심이 대단했다. 나머지 학년들은 연극, 민속춤 등 다양하게 공연하였는데 우리는 프레디가 연습시킨 저학년들의 민속춤에 관심이 많았다.

아이들은 5천 과라니를 내고 햄버거로 점심을 대신했다고 한다.

학교 자체행사로 하기에는 예산도 많이 들고, 학생 수가 적은 학교도 많아 이렇게 합동으로 해서 심사를 하고 순위를 매겨 학교와 학생들을 격려하는 듯했다.

봄을 알리는 꽃

함께하는 기쁨

파라과이에 온 지 1년 7개월, 10월 7일

　금년 초 계획한 KOICA 현장사업이 거의 마무리되어 간다.

　그동안 학교 활동을 통해 어린이들에게 꼭 필요한 것들은 무엇인가를 고민하고 이를 현지 교장과 교사 그리고 학생들의 의견을 들어 지원 분야를 정하고 다시 KOICA 사무소 관계자 그리고 현지 교장과의 협의를 거친 끝에 지난 4월 예산을 지원받게 된 것이다.

　사실 작년에 물품지원 사업을 추진할 때에는 어려움이 많았다. 물품지원이란 봉사단원이 현지기관에 근무하면서 필요한 물품과 기관에서 필요한 물품을 구입하는 것인데 그 과정을 현장사업과 같았다. 사업계획서를 작성하여 승인받은 후 예산이 배정되면 이를 집행하고 결과보고서를 제출하는 것이다.

　한국의 경우 물건을 구매할 때에 시장조사 후 전화로 물품 구매를 위한 견적서를 받아 구매 요청하면 일자에 맞추어 물건과 함께 세금 영수증을 발급받아 회계정리하면 되는데 여기에서는 그런 과정이 전혀 안 된다는 것이다.

　아순시온에 가서 사전 시장조사한 가게에서 물품을 구입하고 영수증을 발급받아 이곳까지 버스로 운반해 와야 한다. 우리 봉사단원은 승용차나 오토바이를 운전할 수 없어 대중교통을 이용해야 하기 때문이다. 물품의 부피가 크거나 무거울 때에는 그 어려움은 이루 말할 수 없다.

특히 이곳 버스의 출입구는 지면보다 높아 물품을 들고 오르내리는 데 어려움이 컸었다. 그래도 작년에는 다행히 사고 없이 물품지원사업을 완료할 수 있었다.

금년에는 지원하는 예산이 많아 현지 교장과 함께 물품 구매하러 다녔기 때문에 훨씬 부담이 적었다.

내가 이곳 학교(Escuela Basica Nº 241 Estanislao Sanabria)에 지원하는 것은 크게 네 가지 분야이다.

도서실 – 컴퓨터, 빔프로젝터, 이동스크린, 도서실 열람대, 도서 약 250여 권.

급식실 – 싱크대, 냉장고, 식탁(6조) 및 의자(36조), 식자재 보관장.

교실 – 아동용 책걸상 90조(3개 반).

운동장 – 저학년용 놀이기구(그네, 미끄럼틀이 함께 있는 기구), 잔디 깎기 기계, 음수대 3대 등을 지원하였다.

교장, 교사들은 말할 것도 없고 가장 좋아하는 것은 이 학교 주인공인 어린이들이었다.

이제 10월 25일, 사무소 소장님과 관계자 그리고 우리 봉사단원들과 학부모들이 참석한 가운데 조촐하게 기증식을 가질 예정이다.

1. 음수대
2. 잔디 깎는 기계
3. 아동용 도서
4. 아동용 책걸상

1. KOICA에서 선물한 급식실 모습
2. 도서실 시청각 수업

남미의 심장
파라과이를
여행하다

오늘의 경험은 내 생애 다시는 해 볼 수 없는 색다른 것으로 지금도 눈으로 뒤덮인 빙하 그리고 청아한 푸른빛의 얼음이 눈에 어린다.

세계적인 발전량을 자랑하는 이따이푸 수력발전소 전경

이따이푸 수력발전소

파라과이에 온 지 1개월, 4월 1일

세계적인 수력발전소 중에 하나인 이따이푸 발전소(Represa Hidroelectrica de Itaipu)는 전력 수출 세계 2위를 자랑하고 있다.

1984년 '우정의 다리'의 파라나(Parana) 강 상류 14킬로미터 지점에 위치해 있으며 외형적인 규모만도 높이 240미터(55층 빌딩 높이), 폭 8킬로미터, 호수의 길이는 200킬로미터에 이르는 이 발전소는 세계 최대의 단일 수력발전소로 시설 용량은 1,260만 kw로 70만 kw 용량의 18개 터빈을 보유(파라과이와 브라질이 각 9개씩 보유)하고 있는데 현재 파라과이에서 1개 터빈만 사용하고, 나머지 8개는 브라질에 임차해 주고 있는 실정이다.

이는 후버댐의 650만 kw, 수풍댐의 60만 kw, 충주댐의 40만 kw(충주댐의 35배)등을 훨씬 상회함은 물론 한국 5개 댐 발전 총량의 15배에 달하는 것으로 댐 건설의 대역사는 불가사의로 꼽히고 있다.

파라과이 유역의 강을 막아 댐을 건설하고 브라질 유역에 인공호수를 만들어 저장한 물로 발전을 하는 이 시스템은 약간의 영토 지분을 제공한 파라과이와 거의 모든 자본을 감당한 브라질에 의한 합작품이다.

발전 총량을 협정에 의해 양국이 반반씩 나누기로 하였으나, 내수를 충족하고도 남는 파라과이가 45퍼센트를 다시 브라질에 재수출함으로써 결과적으로 브라질이 90퍼센트 이상을 가져가는 셈이다.

물을 가두어 놓은 댐이 마치 바다를 연상할 정도로 끝을 알 수 없을 정도로 넓은 호수를 보면서 '이렇게 많은 전력을 생산하면서 어떻게 파라과이 전 지역의 전기 사정이 안 좋을까?'를 생각해 보았다. 그리고 풍부한 전기를 생산하고 있는 이 나라를 과거 어려웠던 우리나라와 비교해 보고 앞으로 달라질 파라과이를 그려 보았다.

> **네이버 위키백과에서 인용**
>
> 파라과이의 남동부 국경은 파라나 강이며, 브라질과 파라과이 사이에 이타이푸 발전소가 있다. 이 댐은 현재 세계에서 가장 큰 수력 발전소로 파라과이에 필요한 모든 전력을 공급한다. 파라과이는 브라질과 이타이푸 댐을 공유하고 있으므로 이 댐 전력에서 50%의 권리를 가진다. 파라과이는 여기서 생산되는 전력의 10% 이하뿐이 쓰지 않기 때문에 나머지 전력은 브라질에 판매한다. 파라나 강의 다른 거대 수력 발전소로는 야시레타 댐이 있는데, 파라과이와 아르헨티나가 공유하고 있다.
>
> 지형은 동쪽에는 초지와 숲이 울창한 언덕으로 되어 있고, 서쪽은 저지의 습지 평야이다. 이 지역의 기후는 온대 기후로, 동부 지역은 강수량이 상당하나 서쪽 끝으로는 반–건조 기후를 보인다.

거대한 빙하, 엘 깔라파테

파라과이에 온 지 1년 9개월, 12월 3일

1년 이상 현지에서 활동한 우리 봉사단에게는 3주간의 국외여행을 할 수 있는 달콤한 휴가 기간이 있다.

나는 지난 1월, 딸 아이 혼사 관계로 잠시 한국을 다녀오느라 쓴 휴가 기간을 제외하고 남은 기간으로 이번에 아르헨티나와 칠레를 다녀올 수 있었는데 지금도 엘 깔라파테에서의 빙하 체험을 잊을 수가 없다.

4박 5일간의 부에노스아이레스 여행을 마치고 최남단 도시 우수아이아(Ushuaia)를 거쳐 목적지인 엘 깔라파테에 10시 30분에 도착해서 트랩을 내려오니 엄청난 바람이 나를 맞이한다. 이곳은 바람이 많이 분다는 얘기는 들었지만, 잠시 눈뜨고 서 있을 수 없을 정도로 몰아친다. 이런 열악한 자연환경 속에서 살아가는 이곳 사람들이 대단해 보였다. 척박한 환경에서 살아가는 주민들은 관광객을 대상으로 하는 직업으로 생계를 유지해 갈 수 있으리라.

공항 안에서 버스비를 미리 내고 나오니 미니버스가 뒤에 짐을 실을 수 있는 화물칸을 하나 달고 우리를 기다리고 있다. 대부분이 관광객인지라 이 버스는 승객들의 숙소를 물어보고 일일이 숙소 앞까지 데려다 준다. 숙소에 도착해서 짐을 풀고 센트로에 있는 식당에 가서 '꼬르데로(Cordero)'라는 새끼 양고기 요리를 샐러드와 맥주를 곁들여 먹었다. 고기가 무척 부드러워 닭고기 같은 느낌이었다.

다음 날 아침. 빙하 미니 트레킹을 위해 미니 밴이 나를 데리러 왔다. 이곳의 빙하 체험은 크게 네 가지 방법이 있다고 한다.

첫째, 전망대 투어로 버스를 타고 가서 전망대에서 빙하를 보고 오는 방법이다.

둘째, 웁살라 투어로 버스로 이동하여 유람선을 타고 빙하 근처까지 가서 보는 방법이다.

셋째, 미니 트레킹로 내가 지금 할 체험이다.

넷째, 빅 아이스 트레킹로 빙하 위를 5시간 정도 트레킹 하는 방법이다. 이 트레킹은 50세 이하로 하루에 30명으로 인원 제한이 있다.

다른 숙소를 돌고 돌아 센트로에 있는 대형 버스로 옮겨 탔다. 역시 그 버스도 돌고 돌아 승객을 태워서 정원이 다 차자 이제 우리의 목적지로 달렸다. 주위에는 바람과 추위에 키 큰 관목들은 자라지 못하고, 작은 초본식물들이 바위틈에서 바람을 피해 자라고 있었다.

두 시간 정도 달려 온 뒤 국립공원 '로스 그라시아레스(Los Glaciares)'에 도착하여 배를 타고 강을 거슬러 올라 빙하가 있는 선착장까지 이동했다.

그전까지는 만년설이 쌓인 산의 모습만 봐도 사진을 찍던 우리들은 배가 모퉁이를 돌아 선 순간 어마어마한 빙하 앞에서 모두들 약속이나 한 듯이 '와!' 하고 함성을 질렀다. 아마 가이드들은 언제나 이 위치에 오면 똑같은 함성을 들었을 것이다.

선착장에 내려서 우리를 안내하는 가이드가 바뀌었다. 스페인어로 설명하는 가이드와 영어로 설명하는 팀으로 나뉘었다. 나는 둘 다 자신은 없었지만, 그래도 스페인어 쪽으로 가서 들었다.

빙하에 가까이 오자 산장 비슷한 곳에 와서 모두들 신발에 아이젠을 끼우는 작업을 했는데 신발 전체에 통째로 단단하게 끼우는 일이라 가이드들이 일일이 끼워 주었다.

빙하를 오르기 시작했다. 우리 일행은 두 팀으로 나뉘어 얼음 위를 조심조심 올라갔다. 온통 얼음과 눈의 세계로 오랜 세월 추위와 바람으로 다져진 자연 그대로 모습을 간직하고 있었다. 앞 사람이 가던 발자국 따라 걸어 오르며 주위를 보니 온통 크레바스(얼음이 갈라져 생긴 틈)인데, 그런 틈에서 새어 나오는 색은 너무나 고운 하늘색(Celeste)이다. 이런 곳에서 어떻게 그 고운 색이 생겨 나올까?

가이드가 앞뒤로 한 사람씩 붙어서 눈과 얼음 사이의 크레바스 길을 이탈하지 않도록 지도한다. 한참을 걷다가 어느 지점에 와서 앞서 가던 가이드가 양주 한 병을 꺼내더니 한쪽으로 가서 얼음을 깬다. 그리고 얼음과 물을 넣은 잔에 양주를 부어 한 잔씩 마시라고 한다.

남극 빙하의 얼음으로 채운 술 한 잔.

모두 한 잔씩 들고서 기념사진을 찍는다. 여자들은 물과 간식으로 대신한다.

얼음 위를 걷는 일이라 모두들 시간이 걸리더라도 천천히 걸으며 중간 중간 쉬며 사진도 찍고 주위도 돌아본다.

그리고 앞 팀이 가던 길을 따라 조심조심 내려온다.

바람이 몹시 불어 추웠으나, 등산복에 속옷을 몇 겹 껴입었기 때문에 추운 줄은 몰랐다. 내려와서 아이젠을 벗고 선착장까지 와서 점심을 먹었다. 이곳에는 식당이 없어 모두들 도시락을 준비해 와야 했다.

내가 머무는 민박집 주인의 남편은 일본 사람, 부인은 한국인이어서 일식집을 운영하고 있는데 어제는 휴일이어서 영업을 하지 않아 도시락을 내가 준비해야 했다. 어제 산 여덟 쪽 피자를 어제 저녁 식사로 두 쪽, 그리고 네 쪽은 민박집 여행객들과 나누어 먹고, 나머지 두 쪽 피자와 바나나, 사과 그리고 물로 훌륭한 점심을 대신했다.

식사 후 주변을 돌아보다가 '퓨마 출몰 지역'이라는 팻말이 나를 섬뜩하게 한다. 아마 인간을 피해 원시 자연이 보존되어 있는 이곳으로 피신해 온 것 같다.

오후, 우리는 다시 한 시간 남짓 이동하여 전망대에 도착했다.

바람은 불었지만 위에서 내려다보는 빙하는 장관이었다. 또 다른 가이드가 설명을 하고 난 뒤 각자 사진을 찍는 시간을 주었다. 가끔씩 빙하가 떨어지는 소리가 천둥소리 같이 들린다. 쉽게 말하면 빙하가 녹아내리는 소리다. 빙하는 일 년에 일이 미터씩 밀려 내려온다고 한다. 유람선 한 척이 빙하에서 떨어진 곳에서 맴돌고 있다. 마치 작은 점처럼 보인다. 아마 그들은 앞에서 말한 읍살라 투어를 하고 있는 듯했다.

돌아보고 휴게소로 와서 따뜻한 커피를 마시며 추위를 달랬다.

숙소에 돌아오니 저녁 6시경이었다.

저녁 식사를 하면서 다른 여행객들과 함께 오늘의 경험을 이야기했다. 이곳 깔라파테는 요즘 같은 여름에는 밤 9시 반에야 어두워진다. 그래도 내일을 위해 잠을 자 두어야 한다.

오늘의 경험은 내 생애 다시는 해 볼 수 없는 색다른 것으로 지금도 눈으로 뒤덮인 빙하 그리고 청아한 푸른빛의 얼음이 눈에 어린다.

1. 눈과 얼음 사이의 크레바스
2. 아르헨티나 가이드와 함께
3. 전망대에서 본 빙하

그늘을 찾아 더위를 식히고 있는 칠레 발파라이소 해변의 바다사자들

푸른 바다, 아름다운 칠레

파라과이에 온 지 1년 9개월, 12월 5일

밤 10시 50분, 칠레 산티아고 공항에 도착했다.

미리 예약해 두었던 민박집까지 가서 문을 두드렸다. 늦은 밤이라 미안하기도 했지만 주인아주머니가 반갑게 맞아 주셨다.

이튿날, 약 두 시간가량을 이층버스로 이동해서 산티아고에서 가까운 해안 도시 발파라이소에 도착했다. 먼저 푸른 바다를 보고 싶었다. 바닷가 해변으로 가기 위해서 인근 시장을 거쳐야 했다. 항구 도시답게 갖가지 생선 파는 상인들의 소리와 오랜만에 맡는 해변가 상큼한 바다 내음. 역시 시장은 언제 어디서나 활기가 넘친다.

주변에 발파라이소 해변을 끼고 왕복하는 전철이 있어 관광객들에게는 편리한 교통수단으로 이용되고 있다.

시원하게 트인 바다 태평양을 보고 있노라니 바다 저쪽에는 우리의 동해가 있을 것 같았다. 사람들이 많이 모여 있는 해수욕장과 낚시, 그리고 음식점이 있는 바닷가에서 내렸다. 나무다리 아래 따가운 햇볕을 피해 그늘에서 쉬고 있는 바다사자들이 보였다. 사람들이 많이 구경해도 피할 생각을 하지 않는다.

점심 후 언덕 위에 있는 예술인 마을을 가기로 했다. 이곳은 마치 부산처럼 바다 맞은편에는 언덕과 산에 주택이 있어 사람들이 비탈길을 수시로 오르내려야 한다. 그 불편을 줄여 주는 것이 서민용 교통수단인 '푸니쿨라(케이블카)'이다. 매표소나 푸니쿨라는 조잡스럽고 좁았지만 서민들의 고통을 덜어주는 고마운 수단이다.

동네로 올라가니 각종 장신구를 파는 사람, 그림을 그리고 있는 화가들이 관광객들을 맞는다. 내려와서 항구 쪽으로 와서 유람선을 타

파라과이행 비행기에서 본 안데스 산맥

고 바다 쪽에서 항구를 바라보았다. 역시 바다는 아름답고 모든 것을 포용하는 넓은 가슴을 가지고 있다.

　다음 날은 산티아고의 명소 아르마스 광장과 모네다 궁전을 찾았다. 대통령 집무실로 사용되는 이 궁전은, 이름에서도 알 수 있듯이 과거 '모네다(돈)' 조폐국으로 1805년에 지어졌는데 피노체트 쿠테타 당시 아옌데 대통령이 화염 속에서도 끝까지 저항한 장소로도 유명하다고 한다.

오전 10시에 근위병 교대식이 있다고 해서 관광객들이 기다리고 있었다.

한 시간가량 진행된 교대식에는 기마병, 의장대, 군악대 등이 관광객들에게 보여 주기라도 하는 것처럼 질서 정연하게 사열하는 가운데 마침내 검은 승용차에서 칠레 대통령이 내려 손을 흔들며 들어간다. 많은 관광객들이 사진을 찍으며 박수를 치고 환호한다.

산티아고의 도심을 더 보고 싶었으나, 일정상 시간에 쫓기듯이 무리에서 빠져나와 식당에 가서 이른 점심으로 '오지 명태 튀김(Merluza Austral Frito)'을 먹었다. 생선 요리라 담백하고 비린내는 없었지만 현지인들이 먹는 음식이라 내 입에는 썩 맞지 않았다. 아니, 때 이른 점심 때문이기도 하리라.

부랴부랴 숙소로 돌아와 가방을 정리하고 택시를 불러 공항에 왔더니 40분 정도 비행기가 빨리 뜬다는 것이다. 그럼 정시라 생각하고 시간에 맞추어 오는 승객들은 어찌하나 라고 했지만 어쨌든 나는 다행이라고 생각하고 파라과이행 비행기에 올랐다.

눈 덮인 안데스 산맥을 넘어오는 비행기 안에서 나는 멋지고, 감격적인, 그리고 다시는 경험해 보지 못할 남미에서의 10박 11일의 여행을 마무리했다.

말이 잘 통하지 않고 환경과 문화도 낯선 지역이었지만, 내가 이렇게 무사히 여행할 수 있었던 것은 누구에게나 친절하고 어려움에 처해 있는 사람들을 도와주려는 활달한 남미 사람들이 있기에 가능한 일이라고 생각하면서 뜨겁게 달구어진 남미의 내륙, 파라과이 땅을 다시 밟았다.

이과수 폭포를 찾아서

파라과이에 온 지 1년 11개월, 2월 3일

파라과이에서 유명 관광지라 할 수 있는 곳이 있다면 '이과수 폭포'일 것이다. 물론 지금은 브라질 영토이지만… 이과수 폭포를 가려면 파라과이의 제2 도시인 씨우닷 델 에스테(Ciudad del Este)를 거쳐 브라질에 있는 폭포까지 대여섯 시간이 걸린다.

이과수(Iguazu) 폭포는 브라질 파라나 주와 아르헨티나 미시오네스 주의 국경 이과수 강에 있는데, 이 폭포는 아르헨티나 이과수 국립공원과 브라질 이과수 국립공원으로 나뉜다. 두 공원은 1984년과 1986년에 유네스코의 세계유산에 등록되었다고 한다. 죽기 전에 꼭 봐야 할 명소 중에 하나라는 이 폭포는 나이아가라 폭포(미국), 빅토리아 폭포(아프리카 잠비아)와 함께 세계 3대 폭포로 불리고 있는데 강을 따라 총 275개의 폭포들로 이루어져 있다.

원래 이과수 폭포는 3국 전쟁 전에는 파라과이 영토였으나, 전쟁에 패한 후 브라질과 아르헨티나에 넘겨주고 이 파라나 강을 국경으로 하게 되었다고 한다.

공원에 도착해 입장료를 내고 들어가니 순환버스가 기다리고 있었다. 승차하고 십여 분 갔을까. 엄청난 소리가 들리기 시작했다. 여기저기서 크고 작은 흰 물줄기를 뿜어내고 있는 폭포의 웅장함은 멀지만 어마어마했다. 또 그 물줄기가 떨어지는 소리는 모든 것을 집어삼킬 듯 했다. 눈앞에 펼쳐진 모든 광경은 자연이 만들어 놓은 작품이고 산 역사였다.

한참을 엄청난 자연의 위용 앞에 감탄하고 있다가 강 아래로 내려가 보트 체험을 해보기로 했다. 고무보트에 구명조끼를 입었지만, 보트는 물살을 거슬러 오르느라 이리저리 흔들려서 무섭기도 했지만 나름 스릴이 있었다. 막바지 폭포 근처에서 잠깐 보트를 정지시켜 기념사진 촬영 시간을 주었다. 모두가 자연이 만들어 놓은 장관 앞에서 셔터를 누르기에 바빴다.

잠시 후 우리가 탄 고무보트가 폭포 속으로 돌진한다.

어마어마한 폭포수가 우리들의 머리와 온몸을 적시며 떨어진다. 피부와 얼굴색 그리고 언어가 다른 전 세계에서 온 관광객들이 모두 하나가 되어 환호성을 지른다. 머리부터 발끝까지 온통 물에 젖었다.

파라과이에서 늘 40도가 넘나드는 살인 더위와 싸우다가 이렇게 물폭포를 맞으니 그동안 겪었던 고통과 외로움은 말끔히 사라지고 기분은 말할 수 없이 상쾌했다.

세계 제1의 폭포. 자연의 엄청난 위용 앞에 고개가 숙여지고 오래전 이 자연 속에서 숨 쉬고 살아왔을 파라과이 원주민들을 생각해 보았다.

또 내가 가진 자연에 대한 벅찬 감정을 후대 사람들도 똑같이 느낄 수 있게 되기를 바라면서 장면 장면을 연신 카메라에 담기에 바빴다. 앞으로 다시 보고 들을 수 없는 장관을 오래도록 잊지 않으려고…

1. 엄청난 규모와 수
   량을 자랑하는 이과
   수 폭포
2. 이과수 폭포 가는
   길

chapter. 3

귀로에 오르다

늘 밝게 웃으며 생활하고 있는 파라과이 어린이들

학생들과 헤어지던 날

파라과이에 온 지 1년 9개월, 11월 28일

이제 내일 방학에 들어가면 석 달 동안의 긴 여름방학이 계속된다. 지난 학년도에는 3월 1일에 개학을 했는데, 올해에는 그동안 교사들의 집단행동 때문에 개학이 앞당겨진다는 이야기가 있었는데 교장도 아직 확실한 개학 일자를 모른다고 한다. 아마 방학 중에 개학일이 결정되면 TV를 통해서 알려질 것 같다.

어제는 내가 교실에 들어가서 아이들에게 작별 인사를 하고 그동안 수업 결과물인 학습 자료철을 나누어 주고, 그동안 쓰고 남았던 한국에서 가져간 풍선, 색종이, 그리고 아이들과 그룹별로 찍은 사진을 인화해서 한 명 한 명에게 나누어 주었다.

조회 시간에 작별 인사를 하고 난 뒤 그동안 아이들이 좋아했던 마술을 한 번 더 보여 주었다. 물이 사라지는 마술인데 볼 때마다 아이들은 무척 신기해하였다.

이제 마지막이 될 아이들과의 인사말을 끝으로 아이들과 헤어지게 된다. 처음 아이들을 만났을 때의 느낌과 보람 있었던 학교생활을 이야기하면서 큰 뜻을 가지고 열심히 공부하여 훌륭한 파라과이인이 되어 나라를 위해 큰일을 해 달라고 이야기를 했다. 아이들과 일일이 악수를 하면서 잘 있으라고 인사하는 나에게 아이들은 손을 흔들어 주면서 헤어짐을 아쉬워했다.

다시는 이 아이들과 만날 수 없다는 아쉬움과 안타까움으로 마음 한 구석이 먹먹해 옴을 느낄 수 있었다.

에스타니슬라오 사나브리아(Estanislao Sanabria) 초등학교 어린이 모두에게 건강과 슬기로움이 함께하기를…

아이들과의 마지막 수업

한국으로 짐 부치던 날

파라과이에 온 지 1년 11개월, 2월 11일

한 달 전부터 우리나라로 소포를 부치기 위해 동네 우체국에 들러 몇 가지를 물어보았다. 말이 우체국이지 조그만 가게에 책상 하나 덩그러니 놓고 문 앞에 간이 간판 하나뿐인 아주 작은 사무실이었다. 그것도 오전에 잠깐 문을 열고 오후에는 문이 항상 닫혀 있다. 그도 그럴 것이 이 작은 시골 마을에 우체국을 이용하는 손님이 많을 리 있겠는가.

내가 5십 킬로그램 정도 되는 물품을 한국에 보낸다고 하니 무척 반가워한다. 소포에 참기름을 넣어 보낼 수 있느냐고 하니 별 문제 없을 거라고 한다. 그래서 며칠 전 참기름 5리터를 사서 집에서 두 개의 가방과 하나의 박스에 내가 쓰던 물건들을 담아 세 개의 짐 꾸러미를 만들었더니 어제 담당 아주머니 두 사람이 와서 내일 아순시온에 있는 우체국으로 함께 가서 부치자고 한다. 오늘 새벽 5시에 우리 집으로 차를 가지고 온다는 것이다.

우리의 정서상 새벽 5시에 외출한다는 것은 특별한 일이 아니고는 어려우나 이곳 사람들은 새벽에 일을 보는 것이 일상화되어 있다. 그 이유는 날씨가 너무 덥기 때문에 그래도 시원한 새벽에 일을 하는 것이 어쩌면 합리적이기 때문일 것이다. 그래서 이들도 내게 새벽에 가자고 부탁하는 것이다.

　오늘 새벽 5시가 조금 넘어 1톤 트럭을 몰고 왔다. 세 개의 짐을 싣고 세 사람이 아순시온으로 가지 않고 자기 집으로 가서 내 짐을 다른 차로 옮기고 그 사람 남편이 운전을 해서 아순시온으로 향했다. 아마 그 사람 남편이 아순시온으로 출근하는 길에 우리를 데려다 주는 것 같았다. 나도 이렇게 아순시온 우체국으로 같이 가서 부치는 것이 좋을 것 같았다. 왜냐하면 소포 내용물의 안전과 분실의 염려가 줄어들기 때문이다. 물론 내게는 값나가는 물건은 없지만 이렇게 같이 가서 부치면 그럴 염려는 적을 것 같았다.

　새벽 출근길이라 아순시온으로 가는 길이 많이 막혔다. 그의 남편이 우체국에 우리와 짐을 내려 주었다. 너무 고마워 KOICA 수첩을 선물했더니 너무 좋아하는 것이다.

　8시에 출근하는 우체국 직원을 기다리던 끝에 직원을 만나 물건을 열어 보고 참기름을 보더니 이것은 보낼 수 없다는 것이다. 아무리 사정해도 안 된다는 것이다. 할 수 없이 그것을 빼고 나머지 것을 포장하여 가지고 간 스카치테이프로 완전 밀봉하듯이 둘둘 말아 포장을 끝냈다. 두 개의 가방을 박스에 옮겨 담아 세 개의 박스가 되었다. 요금은 과라니로 계산해야 하는데, 오늘 시세로 환전하기 위해 환전소에 갔더니 미화 1,050불이라는 것이다.

　집에서 가져온 달러를 꺼내 보니 아뿔싸! 2천 불을 가져온다는 것이 200불을 가져온 것이다. 다시 집에 갈 수도 없고, 생각 끝에 4시장 여행사 사장께 전화해서 천 불만 빌려 달라고 했더니 쾌히 승낙해 주었다. 그리고 그 사장에게 보내지 못한 참기름을 내가 구입한 금액에서 사분의 일을 감해 줄 테니 대신 사가라고 했더니 그러라고 해서 참기름도 해결하고 천 달러도 빌려 와서 짐을 부치고 왔다.

같이 간 사람은 연신 나더러 고맙다고 한다.

나 역시 우리 동네나 아순시온이나 가격은 같은데 이렇게 승용차로 이곳까지 와서 다행으로 생각했는데 이 사람들은 아순시온 우체국에서 얼마의 수수료를 따로 받는지는 모르겠다.

그 화물이 한국의 우리 집에 도착하기까지는 12일 정도 걸린다고 한다.

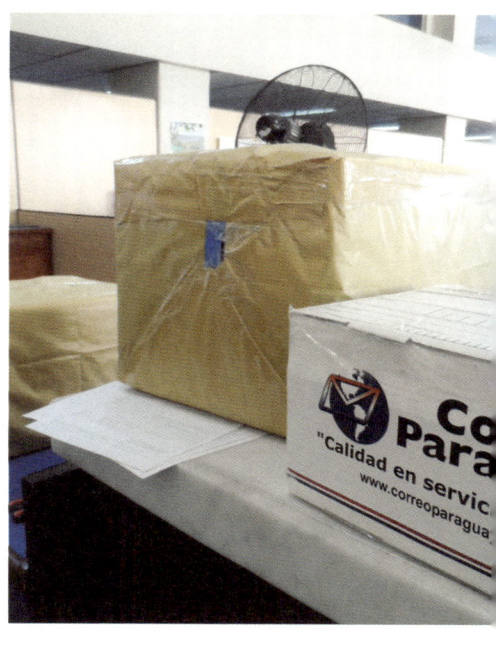

한국으로 갈 소포들

짐을 부치고 나니 이곳 생활이 얼마 남지 않는 것이 실감이 난다.

이제 집에 있는 물건 중에서 프린터, 숫자 블록과 같은 교육자료는 내가 근무하고 있는 학교로 보내기 위해 정리하는 일과 내가 처음 파라과이에 와서 모든 생활용품을 새로 준비했는데 이제는 필요가 없지만 나의 후임 단원이 이곳에 오면 필요할 것 같아 내가 쓰던 생활용품들을 정리하여 교장에게 보관하도록 부탁하는 일만 남았다. 내일은 다시 아순시온에 가서 빌린 돈을 갚고 이발을 하고 와야겠다.

기존 거주하던 집(좌)과 봉사단원들의 힘으로 지어진 새집(우)

2년의 일기

파라과이에 온 지 2년, 2월 23일

해외봉사와 관련하여 글을 쓰기 시작한 것이 어느덧 오늘로 만 2년이 되었다.

해외봉사 활동의 이모저모를 좀 더 오래 간직하고 싶은 마음에서 시작한 것이 어느덧 임기 만료가 코앞에 다가왔다.

내가 낯선 파라과이에서 현지 생활에 적응하고 정신적으로 안정을 되찾을 수 있었던 것도 이렇게 틈틈이 생각날 때마다 글로 내 마음을 표현했기 때문에 가능했을 것이다. 그동안 이곳의 환경과 풍습을 소개하고 새로운 것을 찾으려고 하면서 파라과이의 문화를 익혔고, 그들의 삶을 이해하게 되었다. 글은 날이 갈수록 나의 친구이자 외로움을 달래주는 동반자로 다가왔다.

이제 이곳 생활을 정리하고 돌아갈 날이 열흘도 채 남지 않은 오늘. 나는 2년 전의 오늘로 돌아가서 그때의 감정을 느껴 보았다.

'파라과이로 출발 9일 전. 설렘과 두려움이 교차된다.' (2012년 2월 22일)

솔직히 그 때는 호기심보다 두려움이 더 많았었다. 그렇게 가고 싶어 했던 나라였는데도 약속된 날짜가 하루하루 다가오니까 호기심과

설렘보다 두려움이 더 컸던 것 같다.

'내가 지금 무슨 일을 하고 있는 것인가?'
'낯선 그곳에서 어떻게 적응하려고 이렇게 일을 벌여 놓았나?'
'무슨 고생을 못해서 머나먼 곳에까지 가서 생고생을 해야 하나?'
'아, 가기 싫다.'
'정리해 놓았던 짐을 모두 풀어버리고 싶다.'

'파라과이로 출발 1일 전.
짐을 꾸리고 준비하는 데 시간을 많이 보냈다.' (2012년 3월 1일)
이때에 가장 갈등이 심했던 것 같다.

그런 것들을 다 이겨내고 무사히 2년의 임기를 마치고 귀국 준비를 하는 지금은 무엇과도 바꿀 수 없는 뿌듯함을 느끼고 있다.

마치 전역을 며칠 앞 둔 장병의 심정과 같다고나 할까. 한국 사람은커녕 동양인조차 한 사람도 없는 이곳 시골에서 현지인들을 만나면 과장해서 인사하고 두 팔을 벌려 환호하면서 마음속 깊은 곳에 숨겨진 외로움을 홀로 달래야 했다. 어느 때는 그것도 싫어 하루 종일 밖에 나오지 않을 때도 있었다. 그런 시간들이 흘러 흘러서 이제 임기가 만료되는 시점이 되어 귀국을 준비할 때의 벅찬 감정은 겪어 본 사람이 아니면 느끼지 못할 것이다. 내가 무사히 임기를 마칠 수 있게 용기와 응원을 아끼지 않은 가족, 친지, 지인들께 진심으로 감사의 말씀을 드린다.

안녕! 누에바, 아디오스! 파라과이

파라과이에 온 지 2년, 2월 28일

생각해 보면 길고 지루하게만 느껴졌던 2년이란 기간이 금방 지나간 것 같다.

재작년, 그러니까 2012년 4월 14일(토) 파라과이 우찌야마다 호텔에서 우리 동기들 13명이 현지적응을 위해 6주간의 현지어와 파라과이 문화 수업을 끝내고 기관장이 오는 순서대로 한 명씩, 한 명씩 각자 근무할 현지로 떠나던 날, 나는 맨 끝으로 지금의 초등학교 교장이 나를 데리러 와서 함께 낯선 이곳 '누에바 이탈리아'라는 곳에 왔다.

2주 동안 기거할 숙소를 보니 한숨만 나왔었다. 상가의 작은 사무실 한 칸에 침대 하나, 책상 하나 덩그러니 있고, 출입구는 철창 같은 셔터가 내려진 곳에 몸을 숙여 작은 쪽문으로 드나들면서 몇 번이나 머리를 찧어야 했던, 그리고 여자 광목 치마 같은 천으로 아무렇게나 둘러쳐 진 커튼을 나갈 때, 들어올 때마다 들추어야 했던, 그러면서 몇 번이고 한숨을 내쉬었던 그날들이 새삼스레 떠오른다.

거주할 집을 구하기 위해 뙤약볕 아래서 헤매던 일, 임대 계약서를 작성해야 하는데 현지어를 몰라 애태우던 일, 폭우가 쏟아지던 어느 날 밤, 현관이 저절로 잠겨 속옷 차림으로 긴장 속에서 5백 미터를 뛰어 주인집에 달려가던 일, 학교 아이들이 친구가 되어 주던 일, 물품지원, 현장사업을 마치고 기증식 하던 날, 멀리 있던 동기들이 우리 집까지 찾아와 생일을 축하해 주던 일…

이제는 모두가 지난날의 아름다운 추억으로 자리 잡았다.

내일이면 내가 살던 동네를 떠나 처음에 와서 머물렀던 호텔에서 머문 뒤 3월 2일 오후 6시 55분 비행기로 파라과이와 이별한다.

이틀간 머무는 동안 나와 함께 임기를 마치고 떠나는 우리 동기 단원들을 만나 우리만의 송별회를 가진 뒤 멀리서 나의 귀국을 축하하기 위해 오신 시니어 단원들과 함께하는 시간을 가질 예정이다. 귀국할 때 한 비행기를 타고 귀국하자던 동기 단원들과의 약속이 각자의 여행 스케줄에 따라 이루어질 수 없게 되었다. 어떤 단원은 기관의 업무 때문에 귀국을 몇 개월 연기해야 하고, 이미 조기 귀국한 단원이 있는가 하면, 어떤 단원은 유럽으로, 미국 쪽으로 귀로여행을 하고 귀국하는 바람에 모두 목적에 따라 각자 비행기를 타게 되었다. 나 역시 아내와 함께 멕시코와 미국을 들러 귀로 여행하자던 당초의 약속을 지키지 못하고 아내가 있는 영국으로 가게 되었다.

상파울루에서 잠시 대기하다가 영국행 비행기로 갈아타고 3일 오후 1시 45분에 영국 히드로 공항에 도착해서 아내와 큰딸 가족을 만나 2주간 영국에서 보낸 뒤 3월 15일 오후 인천공항에 도착할 예정이다.

2년간의 파라과이 생활은 이제 추억으로 내 마음속에 영원히 자리 잡게 될 것이다.

가족과 해후하다

파라과이에 온 지 2년, 3월 26일

2월 28일, 3월 1일 이틀 동안 아순시온에서 시니어 단원들과 젊은 단원들의 아쉬운 송별인사를 하였다. 드디어 3월 2일 오후, 우리 동기들의 배웅을 받으며 아순시온 공항에 도착하여 순조롭게 상파울로를 거쳐 영국 히드로 공항에 도착했다.

입국절차가 까다롭기로 유명한 영국 공항 입국 심사대에서 까다롭게 묻는 질문에 대비해서 사위는 내가 영국에 오게 된 경위, 거주할 주소, 사위 전화번호, 그리고 14일 귀국할 예정임을 A4 용지 한 장에 영어로 적은 종이를 내미니까 쭉 읽어 보더니 무사히 입국심사를 통과시켰다.

'호사다마(好事多魔)'라 했던가.

쉽게 입국심사를 통과해서 이제 짐만 찾아 나오면 되는데 또 내 짐이 안 나오는 것이다. 타고 온 비행기에서 짐들이 거의 다 나올 무렵 두 개의 짐 중 하나의 가방만 나오고 KOICA 이민 가방은 끝내 나오지 않는 것이다. 작년 1월, 한국을 방문하고 파라과이로 올 때 두 개의 짐이 오지 않아 나중에 찾아왔는데 어쩌면 내게 또 한 번의 악연이 겹치

1. 6개월 된 예은이
2. 사진사 사위가 빠진 가족사진

는 것일까. 아마 비행기를 환승하는 바람에 화물을 옮겨 싣지 못해서 일어난 실수 같았다.

　작년에도 파리를 거쳐 파라과이로 갔을 때 짐이 오지 않아 얼마나 고민했는지. 왜냐하면 그때는 짐 속에 내가 먹을 한국 식품들이 많이 들어 있었는데 한창 더운 파라과이 날씨 때문에 식품들이 변질되지나 않는지, 또는 그런 부패한 식품들의 냄새 때문에 공항이 발칵 뒤집어지지나 않았는지 등등. 다행히 그 다음 날 연락이 와서 프레디와 함께 찾아 왔지만 이번에는 전혀 예상 밖이었다. 화물 처리를 잘하기로 소문난, 신사의 나라 영국에서 하필이면 내 짐이 누락되리라고는 전혀 생각하지 못했던 것이다. 결국 브라질 항공사에 신고를 하고 나오니 픽업 기사가 눈이 빠지게 기다리고 있었다.

사위와 딸은 애기 예방접종 관계로 병원 가는 시간과 겹쳐 나오지 못하고 대신 한국인 픽업 기사를 불러 준 것이다.

50분가량 차를 타고 오는데 긴장이 풀리면서 오슬오슬 춥기 시작하더니 열이 나기 시작했다.

뉴몰든에 있는 큰딸 집에 무사히 도착하였다. 그리운 가족들과 해후하고 사진으로만 보아야 했던 외손녀를 보고 안아 주었더니 계속 내 얼굴만 쳐다보며 웃지도 울지도 않다가 결국 울음을 터뜨린다.

사위는 나의 영국 방문을 환영한다며 저녁 식사 때 좋은 술과 음식을 준비했는데 나의 몸은 이를 받아들이지 못할 것 같아 저녁을 간단히 먹고 해열제를 먹고 일찍 잠자리에 들었다.

오늘 오후에 공항에서 짐이 도착해서 집까지 배달해 주었다. 파라과이에서는 공항에 직접 가서 찾아왔는데 이곳에서는 집에까지 배달해 주는 것이다.

오후에는 아내와 집 근처에 있는 한인 슈퍼마켓과 쇼핑센터를 돌아보고 왔지만 열이 완전히 떨어지지 않는다. 아마 시차도 적응이 안 되고 긴장도 풀어져서 당분간 몸 관리를 해야 할 것 같다.

아내와는 처음에 1년 후 파라과이에서 만나기로 약속했으나, 외손자 시윤이의 출생 때문에 못 오고, 임기 만료 후 귀로여행을 하자고 했으나 역시 큰애가 예은이를 낳아 이래저래 내가 영국으로 오게 된 것이다. 아무튼 이제 가족들과 함께 있으니 한국에 온 것과 다를 바가 없다.

항상 밝은 표정으로 미래의 꿈을 그리는 파라과이 어린이들

귀국단원 환영회

3월 29일, KOICA 본부에서 1차 귀국단원 환영회가 있어 다녀왔다. 만 2년 전 1월, 파라과이로 파견되기 전 한 달 동안 국내훈련을 받던 바로 그 장소였기 때문에 감회가 새로웠다.

그때 함께 훈련을 받던 같은 기수 단원들과 함께 같은 장소에서 다시 만나니 변한 것은 아무것도 없었다. 시간만 2년 후로 돌려놓은 것 밖에…

물론 귀국했지만 여러 가지 사정에 의해 참석 못한 단원도 있었지만 대부분 가무잡잡하게 그을린 얼굴로 건강하게 돌아 온 젊은 단원들이 반갑고 기특하기까지 했다. 우리와 같은 봉사단원 출신 KBS 개그맨의 간단한 레크레이션과 함께 보고대회를 하고 정성이 담긴 식사를 끝으로 환영회를 마치게 되었다.

파라과이에 있을 적에는 시간이 안 가고 지루했지만 지나고 보니 2년이라는 세월이 훌쩍 가버린 것 같다.

지금도 파라과이에 있는 단원들은 지루하고 단조로운 생활을 하고

1차 귀국단원 환영회
(2014. 3. 29)

있겠지만, 지나고 보면 지금의 나와같이 깊은 잠에서 깨어난 듯 금방 귀국길에 오를 것이다.

    지금 더위와 씨름하고 있을 파라과이 해외봉사단원들. 모두 파이팅!

활동을 마치며

　파라과이를 떠나온 지 몇 개월이 지난 어느 날, 어릴 적 친구들의 모임에 참석하기 위해 전철을 탔다.
　지하철을 타기 위해 카드를 꺼내다가 지갑 속에 있던 쪽지 하나가 떨어졌다. 아무 생각 없이 떨어진 쪽지를 주워 들고 지하철을 탔다. 여느 때처럼 지하철은 사람들로 붐볐다. 입구 주위에 중학생쯤 되어 보이는 여학생 대여섯 명이 밝은 웃음을 띠며 큰소리로 재잘거리고 있었다. 아이들의 웃음소리는 언제 들어도 마음이 편안하고 미소를 띠게 한다.
　나는 오랜만에 보는 아이들의 순수한 웃음소리를 들으며 아까 주워 든 쪽지를 들여다보았다. 카드 영수증쯤으로 생각했던 그 쪽지는 내가 파라과이에 간 지 얼마 안 되었을 때 쓴 것으로 보이는 전화번호였다. 그동안 까맣게 잊고 있었던 현지 초등학교 교장, 민박집 주인, 그 집 아들, 그리고 내게 현지어를 가르쳐 주던 선생의 전화번호를 적은 종이였다.
　쪽지를 보면서 잠시 잊고 있었던 그때를 회상했다. 내가 이 메모지를 썼을 당시 얼마나 많은 긴장을 했던가. 혹시 어떤 곳에서 나를 위협하는 어려움에 부딪혔을 때 구원을 요청하기 위해 적었던 쪽지 아니었던가. 그런데 지갑 한 구석에 쓸모없는 휴지조각이 되어 내게 나타났을까? 지금 쪽지에 적혀 있는 그들은 무엇을 하고 있을까?
　견디기 힘든 더위 속에서 어떻게 지내고 있을까?

활동을 마치며

    나는 짧은 시간이나마 파라과이 누에바 이탈리아 마을을 잠시 떠올리며 나와 2년을 함께했던 그들을 향해 달려가고 있었다. 마음은 그들과 함께하고 있지만 몸은 지금 지구 반대편에서 그들이 맞이하는 봄을, 나는 이곳에서 형형색색의 아름다운 가을의 빛으로 만끽하고 있는 것이다. 아름다웠던 추억을 생각하는 동안 지하철은 어느 새 왕십리에 도착해 있었다.

    사실 나 같은 시니어들이 해외봉사를 하겠다고 마음먹고 행동으로 옮기기까지는 쉽지 않을 것이다. 그것도 2년이라는 긴 세월을 우리보다 여러 면에서 어렵고 열악한 환경 속에 있는 그들을 이해하고 적응하며 봉사단으로서 역할을 다하고 돌아온다는 것은 그렇게 만만하게 볼 수 없을 것이다.

    그래서 파견 초기의 젊은 단원들은 근무하는 기관에서의 갈등과 민박이나 숙소를 둘러싸고 겪는 어려움, 또 현지인들과의 부적응, 심지어 같은 목적으로 파견된 선후배 동기들과의 불협화음 때문에 기관이나 거주지를 옮기다가 결국 적응하지 못하고 중도에 귀국하는 안타까운 일들도 있었다. 물론 본인들의 말을 들어보면 대부분 기관이나, 현지인들의 차별적인 언사나 행동으로 자신의 인격이 무시당하는 일들이 많다고 한다. 그래서 '자기들을 도와주기 위해 온 우리를 이렇게 막 대해도 되는 것인가?' '이런 대우를 받으려고 이곳까지 힘들게 온 줄 아는가?' 라는 생각을 하게 되고 그 결과 모든 것을 정리하고 중도 귀

활동을 마치며

국이라는 불명예를 안게 되는 경우도 있다.

물론 해외봉사이니까 자신이 중도에 귀국하겠다면 말릴 사람은 없다. 하지만 지금이 있기까지 얼마나 많은 지원과 도움이 받았는가. 또 여기에 들어간 국가 예산이 얼마인가. 이 모든 것을 생각하면 가장 쉬운 해결 방법은 나 자신이 이런 어려운 환경에 적응하는 것이다. 이것이 처음에 생각했던 파견 목적을 달성하는 길이요, 내가 한 단계 올라서서 넓은 시야를 갖게 되는 것이다. 그런 점에서 나 같은 시니어들은 젊은 사람들보다 참고 적응하는 능력이 높다고 생각한다.

처음에 해외봉사단으로 활동하겠다고 마음먹기까지는 많은 고민과 시간이 걸리지만, 일단 결단이 내려지면 어떤 어려운 환경도 이겨 나갈 힘과 의지가 있다는 것을 체험을 통해 알 수 있었다. 물론 젊은 단원들 대부분이 열악한 환경을 극복하고 기관에서 자신의 위치를 확보하고 현지인들과의 잘 적응하며 지내고 있는 것을 보았다. 어떤 단원은 댕기열에 걸려 고열에 온 몸이 바늘로 찌르는 듯한 고통 속에서 병마와 싸워 완쾌하여 임기를 마친 단원들도 있다.

그럼에도 우리 시니어들은 다른 단원들보다 불리한 점이 있다. 현지어와 현지 문화 습득의 더딘 발전이다. 귀국할 때까지 현지어 학습을 계속해 왔지만, 언어습득 기능과 표현하는 능력이 부족하여 늘 긴장 속에 살아야만 했다.

그래서 2년 동안 내게 예상하지 않은 상황이 발생되지 않기를 바라며 살아왔다.

　그러나 파견 초기 어느 날, 달갑지 않은 상황이 내게 일어났다.

　비가 억수같이 쏟아지던 날 밤이었다. 잠자리에 들기 전 문단속을 위해 외부로 통하는 문을 모두 잠그고 평소와 다름없이 인터넷으로 자료 검색을 하고 있는데 천둥소리와 함께 단전이 되어 버렸다. 이곳에서는 비가 한번 오면 천둥과 번개를 동반하며 양동이로 물을 퍼붓듯이 폭우가 내린다. 그런 상황이 계속되면 전기가 끊어지고 단수가 되며 결국 인터넷과 휴대폰도 끊긴다. 한마디로 고립 상태에 빠지게 되는 것이다. 밖에는 엄청난 비가 쏟아지고 집 안은 단전으로 암흑천지가 되었다. 잠자리에 들까 하다가 칠흑같이 어두운 바깥 모습이 보고 싶었다. 우리나라에서는 정전이 되어도 밖이 어둡지 않아 어릴 때를 제외하면 사방이 캄캄한 밤 모습을 본 적이 없었다.

　나는 작은 손전등을 들고 밖으로 통하는 현관을 열었다. 멀지 않은 곳에서 울리는 천둥소리와 요란한 빗소리를 들으며 잠시 남미의 원시적인 자연 현상에 빠져들었다. 얼마쯤 지났을까. 나는 좀 더 밖으로 나가 빛이 없는 암흑세계를 보고 싶었다. 잡고 있던 현관문을 열고 밖을 내다보았다. 정말 암흑 그대로였다. 몇 발자국을 걸어 더 나가 보았다.

　그러자 '덜컹!' 현관문이 닫히는 것이다. 깜짝 놀라 되돌아와 현관문을 열었다. 열리지 않았다. 안에서 잠긴 것이다. 이사 올 때 현관문을 밖에서 닫으면 그대로 잠긴다는 말을 잠시 잊은 것이다. 쏟아지는 폭우를 맞으며 반사적으로 내부로 들어갈 수 있는 나머지 문을 열어 보았으나 이미 내 손으로 잠근 문은 열릴 리가 없었다. 정말 큰일이 난 것이다. 집으로 들어갈 수가 없다. 속옷 차림에 맨발인 내 모습이 가관이었다. 다행히 외부 현관 앞에 지붕이 있어 비를 피할 수는 있지만…
 혼자 자책할 수밖에 없었다. '바보같이, 무슨 어둠을 본다고 밖으로 나와 이 고생이야.' 날이 춥지 않아 이대로 밖에서 밤을 지새울 수는 있었다. 그러나 내일 아침이 된다고 해서 무슨 수가 생기는 것도 아니고 집 앞을 지나는 사람들에게 오히려 웃음거리만 될 뿐이었다.
 생각하다 해결 방법을 찾아냈다. 주인집에 가서 보조키를 가져오는 것이다. 그러나 밤늦은 이 시간에 주인집 식구들은 뭐라 할 것이며, 더구나 맨발에 비에 젖은 속옷만 입고 서 있는 내 꼴을 보며 뭐라 할 것인가. 그러나 지금 상황에선 이것저것 따질 것이 아니다. 나는 빗속을 뚫고 달리기 시작했다. 칠흑같이 어두워 전혀 보이지 않을 줄 알았던 길이 어렴풋이 보였다. 돌바닥에 발이 아프고 숨이 차도 오로지 주인집을 향해 달렸다. 다행히 밤늦은 시간 엄청난 비로 사람들이 없어 그나마 다행이었다. 5백 미터를 뛰어 주인집 문 앞까지 왔다. 파라과이에서는 외부 사람이 집을 방문할 때 소리를 내어 부르지 않고 박수를 세 번 친다. 나는 박수 소리가 빗소리 때문에 들리지 않을 것 같아 철창으로 된 문을 흔들며 주인을 불렀다. 다행히 방 하나에 작은 불빛이 보인다. 다른 도시에서 근무하는 바깥주인이 있는 방이다.

활동을 마치며

"프랑코예요. 우리 집 열쇠 주세요."

서투른 현지어로 간절하게 부르는 소리를 듣고 남자주인이 문을 열고 내다본다. 다시 한 번 불렀다.

"프랑코예요. 우리 집 열쇠 주세요."

한참 만에 여자주인이 내다보고 남편과 무슨 얘기를 나누더니 잠시 후 열쇠 꾸러미를 들고 나온다. 어찌나 반가운지 그것을 받아들고 뒤도 돌아보지 않고 냅다 뛰었다. 아마 내 꼴을 보고 두 사람이 한참 웃었을 것이다. 현지어에 서투르고 그 나라 문화에 어두워서 일어난 해프닝이었다. 그 일을 생각하면 지금도 웃음이 나온다.

활동을 마치면서 한 가지 아쉬운 점이 있다면 그것은 아내와 함께 파라과이 생활을 해 보지 못한 점이다.

처음에 해외봉사가 결정되었을 때, 아내는 일 년 후 파라과이에 와서 함께 생활하기로 약속했었다. 그래서 현지에 가자마자 집주인에게 일 년 후 아내가 올 것에 대비해서 침대도 미리 예약해 놓았었다. 그러나 일 년이 지나 외손자 시윤이가 태어나고, 큰아이가 결혼하여 내게 오기로 한 약속을 지키기가 어렵게 되었다. 나는 2년이 마무리 되는 즈음에 와서 몇 개월만이라도 같이 있자고 했으나 이번에는 외손녀 예은이가 태어나 아내는 큰아이를 따라 영국으로 가는 바람에 이마저 무산되어 결국 내가 임기를 마치고 아내와 딸이 있는 영국으로 가야 했다. 누구나 한번 가기 힘든 남미이기에 임기를 마친 단원들에게 주어

활동을 마치며

지는 마지막 기회인 귀로 여행을 아내와 함께하지 못함이 못내 아쉬웠지만, 우리 같은 시니어들에게 아내와 동반할 수 있는 기회가 있다는 것은 얼마나 다행스러운 일인가. 해외에서 하는 봉사활동 그리고 낯선 이국에서의 체험을 부부가 함께할 때 더욱 의미가 있지 않을까.

처음 KOICA 해외봉사단으로서 파견되기 전 과연 내가 어려운 환경에 적응할 수 있을지 회의감이 들었지만, 막상 이곳 생활하면서 현지인들과 자연환경에 적응하기 위해 노력했었고, 그러기 위해 살인적인 더위와 7, 8월의 겨울, 비 온 뒤 뼛속까지 스며드는 찬 기운에 새벽과 저녁 추위를 견뎌야 했으며, 천둥과 번개로 인한 단전, 단수에도 미리 대비하는 지혜도 생겨났다.

그래도 현지에서 생활에 활력을 주는 것은 인터넷으로 가족과 대화, 국내 뉴스를 접할 수 있다는 점이다. 국내보다 몇 시간 늦기는 해도 저녁 9시 뉴스를 국내에서처럼 접할 수 있고 오락 프로그램을 볼 수 있다는 것은 얼마나 행운인가.

또, 우리 단원들의 열악한 생활환경을 알고 세심하게 배려해 준 KOICA 한국 본부의 노력이 있어 힘들고 어려워도 우리는 행복했다.

그동안 온돌 문화에 익숙해 있던 우리에게 전혀 단열이 되지 않은 파라과이의 주택에서 겨울나기는 결코 쉬운 일이 아니다. 특히 비가 온 직후 저녁이나 새벽은 한기가 온몸에 스며온다. 이럴 때 KOICA에서 보내 준 전기담요는 너무너무 요긴한 난방기구이다. 또 명절 때마다 보내 주는 고향의 맛은 우리가 절실하게 그리워하고 먹고 싶었던 음식들을 용케도 알고 챙겨 보내 주었다.

현지인들과의 소통 문제는 내가 예상했던 것보다 너무 좋았다.

그들에게 먼저 다가가기 전에 그들이 내게 먼저 다가온다. 그들과 소통하는 현지어는 잘하면 좋겠지만, 잘되지 않아도 그들은 그들이 할 수 있는 소통 방법을 찾아서 내게 표현해 주었다.

2년간의 해외봉사를 통해 나는 지구상 어느 곳에 가더라도 사람 살아가는 방법은 비슷하고 주어진 자연환경에 순응하며 이를 잘 극복하며 살아가고 있음을 알았고, 그런 낙후된 환경 속에서 살아가는 사람들이야말로 남을 배려하고 어려움을 서로 나누려는 인간 본연의 아름다운 모습을 지니고 있다는 것을 알게 되었다.

지금 해외봉사를 생각하고 있는 시니어들에게 조언을 한다면 처음 막연하게 생각하고 머리에만 있던 해외봉사활동도 일단 마음을 굳히고 행동에 옮길 때 비로소 열매를 맺을 수 있다고 생각하며 한번쯤 도전해 볼 수 있는 인생의 멋진 경험이기도 하다는 것을 덧붙이고 싶다.

영원한 청년
in 파라과이

한국해외봉사단, 나눔과 봉사를 실천합니다

한국해외봉사단,
나눔과 봉사를
실천합니다

https://kov.koica.go.kr

01　World Friends Korea는 무.엇.인가요?
02　21세기 글로벌청년리더가 되는 길, WFK-한국해외봉사단
03　WFK 한국해외봉사단 모집 다양한 분야와 직종을 선발합니다
04　WFK 한국해외봉사단원 모집부터 출국까지 살펴보기
05　해외봉사단원 활동기간 중 지원내역 및 안전관리는 이렇게
06　해외봉사단원 활동종료 / 귀국 후 다양한 기회가 제공됩니다
07　더 좋은 세상 함께 만들어가요

01

World Friends Korea는
무.엇.인가요?

••• 월드프렌즈코리아(World Friends Korea, WFK)는 우리나라 정부부처들이 개별적으로 추진해 오던 해외봉사단 사업을 단일브랜드로 통합한 새 이름입니다.

••• "WFK"는 도움을 받는 나라에서 도움을 주는 나라로 성장한 경험을 통해, 개도국 이웃들의 어려움을 누구보다 공감하는 우리 국민들의 따뜻한 마음을 표현하는 이름입니다.

WFK는 '세계의 친구'로서 국제사회에 기여하는 한국인의 이미지를 더욱 선명하게 알리고, 앞으로 다 함께 잘 사는 인류사회 건설을 위한 아름다운 변화에 앞장설 것입니다.

WFK-한국해외봉사단
http://kov.koica.go.kr

WFK-대학생해외봉사단
http://kucss.or.kr

WFK-해외인터넷청년봉사단
http://www.nia.or.kr/kiv

WFK-중장기자문단
http://kov.koica.go.kr

WFK-개도국과학기술지원단
http://tpc.nrf.re.kr

WFK-퇴직전문가
http://www.nipa.kr

WFK-세계태권도평화봉사단
http://tpcorps.org

02

21세기 글로벌청년리더가 되는 길, WFK-한국해외봉사단

••• WFK-한국해외봉사단은 2년간 개발도상국 주민들과 함께 생활하며 교육 및 직업훈련, 농수산업, 보건위생, 농촌개발 등 분야에서 기술 지원 및 교류 활동을 통해 그들의 삶의 질을 높이고, 더 나아가 우리나라와 파견국의 상호이해증진에 기여하게 됩니다. 귀국 후에는 해외봉사활동 경험을 우리 사회에 환원하고 21세기 글로벌 인재로서 능력을 발휘하는 기회가 될 수 있습니다.

WFK 한국해외봉사단은 개발도상국의 지속 가능한 경제 사회발전을 돕기 위한 공적개발원조 **ODA** 사업의 하나입니다.

한국해외봉사단
나눔 + 봉사를 실천합니다.

WFK-한국해외봉사단 파견유형
일반봉사단, 시니어봉사단, 국제협력요원(국제협력봉사요원 국제협력의사)으로 나뉘며, 봉사정신이 투철하고 심신이 건강한 만 20세 이상 대한민국 국민이면 누구나 지원할 수 있습니다.

일반봉사단원
군복무를 필하였거나 면제된 자로서 해외에서 봉사활동을 수행할 수 있는 일정 수준의 자격을 갖춘 만 20세 이상 단원

시니어봉사단원
파견분야 10년 이상의 근무경력과 전문성을 갖춘 만 50세 이상 단원

국제협력요원
해외봉사활동으로 병역의무를 수행
국제협력봉사요원 : 현역병 입영 대상자 또는 보충역으로 병역 처분을 받은 자 중 일정 수준의 자격과 건강을 갖춘 요원
(복무기간 30개월 중 국외복무 24개월)
국제협력의사 : 병역법에 의해 국제협력의사로 편입이 가능한 의사 자격증 소지자(전문의 우대, 복무기간 36개월중 국외복무 28개월)

03

WFK
한국해외봉사단 모집
다양한 분야와 직종을
선발합니다

WFK-한국해외봉사단은 도움이 필요한
세계 각지에서 활동합니다.

WFK 한국해외봉사단 활동인원:
1,636명(2012년 11월 기준) 지난 스물두 해 동안 65개국에 9,700여 명이 파견되었습니다

교육
취학연령아동들이 대상으로 하는 기초교육기관, 성인을 대상으로 하는 중등교육기관, 미취업자 및 구직자를 위한 직업훈련학교에서 활동하며, 전반적인 인적자원개발을 지원하고 있습니다.

직종 과학, 미술, 미용, 수학, 요리, 체육, 유아교육, 음악, 직업훈련, 특수교육, 한국어 등

보건
병원, 보건소 등에 파견되어 위생환경 개선, 전염병 예방, 모자보건 증진을 위해 활동하고 있습니다.

직종 간호, 물리치료, 방사선, 보건일반, 영양관리, 임상병리, 작업치료, 치위생

공공행정
정부부처, 관공서, 학교 등에서 활동하며, 개발도상국과 선진국간의 정보격차 해소를 목표로 우리나라의 우수한 행정경험을 전수하고 있습니다.

직종 경영, 경제, 관광, 마케팅, 박물관, 사서, 사회복지, 통신기술

산업에너지
경제개발의 근간이 되는 산업 및 에너지 분야에 파견되어 관련 기술을 전수하고 있습니다.

직종 건축, 공예, 기계, 섬유/의류, 식품가공, 용접, 자동차, 전자, 토목 등

농림수산
개발도상국 농어촌 주민들과 함께 생활하며 지역의 소득증대, 생활환경 개선을 위해 활동하고 있습니다.

직종 농경제, 농기계, 농업일반, 수산양식, 수의사, 원예, 임업, 지역사회개발, 축산

04

WFK
한국해외봉사단원
모집부터 출국까지
살.펴.보.기

모집선발상담센터 ☎
1588-0434

01 지원서접수
해외봉사단 모집기간 중 홈페이지에서 온라인지원서 작성 및 제출

02 서류전형
학력 경력 자격증 등 직종 전문성 평가

03 면접전형 (인성검사)
직종 전문성 평가 및 봉사자의 기본자세와 소양 점검

04 신체검사, 신용 및 신원조회

05 국내훈련 (4주 합숙훈련)
봉사정신 함양, 언어 · 소양 · 실무 · 안전관리교육 실시

06 출국 및 현지적응훈련(8주)
해외봉사단 지원서는 봉사단모집홈페이지 http://kov.koica.go.kr에서 등록 · 접수하실 수 있습니다.

05

해외봉사단원
활동기간 중 지원내역 및
안전관리는 이렇게…

WFK 해외봉사단원은 국내훈련, 현지적응훈련 및 봉사활동기간 중 안전하고 효과적인 활동을 위해 각종 지원을 받게 됩니다.

파견 전

국내훈련기간
국내훈련수당 및 훈련용품 지급
예방접종 및 휴대용 안전장비 지급
재해보상

출국준비기간
여권 및 비자발급 지원
왕복항공료 및 화물탁송료 지원
출국준비금 지급

파견 후

현지정착비

주거비 및 생활비
봉사단원 파견국 물가수준 고려 지급

활동지원
활동물품구입비, 현장사업비 등

봉사단 유숙소 운영(수도에 한함)

건강 및 안전 관리

- 재해 및 상해보험 가입
- 긴급후송서비스(SOS) 재난발생시 안전한 지역으로 후송
- 의료지원 상해·질병 치료비 지원 / 연간 정기 건강검진 실시 / 24시간 의료상담

KOICA 안전종합상황실
해외 긴급상황발생시 신속 대처할 수 있도록 24시간 운영합니다.
031.740.0640

06

해외봉사단원
활동종료 / 귀국 후 다양한
기회가 제공됩니다

KOICA 지원 및 기회제공

임기를 종료하고 귀국한 단원들에게는 신속한 국내 적응을 돕기 위해 국내정착금 및 취업 정보지원, 장학 혜택, 국제협력사업 참여기회 등이 제공됩니다.

국내정착지원금 지급

파견기간 중 적립한 소정의 금액(월50만 원)을 국내정착지원금으로 일시 지급

취업지원센터 운영

귀국단원들의 국내정착 위한 취업지원센터 운영
해외취업정보제공 해외유망직종안내, 구인정보 제공

국제협력활동 지원

KOICA 직원채용시 우대 귀국봉사단원이 직원이 되면 봉사기간 경력 인정

장학금 지원

봉사 활동 분야 및 국제개발협력 관련분야 석·박사과정 진학 시 심사를 거쳐 장학생 선발

국내 봉사단네트워크

한국해외봉사단원연합회(KOVA) 봉사활동 경험을 살려 봉사문화정착과 제3세계 지원 등 공익적 사회활동을 목적으로 하는 귀국단원들의 모임
지역 커뮤니티 수도권 포함 총9개 국내 지역별 커뮤니티 운영

"주고오려 했는데
더 많은 걸 받아 왔어요"

해외봉사활동은 흔히 많은 것을 포기하고 희생하는 것으로만 여겨집니다. 그러나 경험해 본 이들은 오히려 얻은 것이 더 많다고 합니다.

"실질적 성과를 거두는 것도 중요하지만 그들 가운데 하나가 되는 것이 더 중요하다.... 혼자 할 수 있는 일이 거의 없었다. 그래서 도움을 주려고 왔는데 오히려 도움을 받고 간다."
안예현(도시계획, 2007-2009, 네팔에서 활동)

내가 가진 능력을 나누는 것은 보람 있는 일이며,
성숙한 인격을 완성하는 지름길입니다

"해외봉사활동, 그 특별함"

"다른 사람에게 내게 있는 것을 나누어 줄 때 그만큼 좋은 무언가가
내 안에 채워지는 것을 경험했다"
김영동(간호, 2007~2009 페루에서 활동)

한국국제협력단(KOICA)은 대한민국의 자랑스러운 이름을 지구촌에 널리 알릴 수 있습니다.

"시간이 지날수록 한국인이라고 알게 되고, 돈이 목적이 아닌 봉사, 나누러 왔다는 걸 알고
고마움을 표하는 사람들이 많아졌다"
김유신(사회복지, 2007~2009 방글라데시에서 활동)

07

더 좋은 세상
함께 만들어가요
Making a Better World Together

우리 정부의 대개도국 무상협력사업을 전담 실시하는 외교통상부 산하 정부출연기관으로 1991년 4월 설립되었고 프로젝트, 해외봉사단파견사업, 국내초청연수 등 다양한 사업을 통해 개발도상국의 경제사회발전을 지원하고 있습니다.

해외봉사단 모집상담센터

주소 : 경기도 성남시 수정구 대왕판교로 825 (461-833)
한국국제협력단 월드프렌즈사업본부 1층
운영시간 : 09:00-18:00 (중식 12:00-13:00)
전국공통전화 : 1588-0434
팩스 : (031)740-0662
홈페이지 : http://kov.koica.go.kr
모집상담이메일 : kov1@koica.go.kr

대중교통편 안내

- 광역버스 : 6800번
  (지하철 강남역3번, 양재역9,10,11번 출구 노변정류장 승차 - 나라기록관 앞 하차)
- 광역버스 : 1007, 1007-1, 5600, 6900
  (지하철 수서역6번, 잠실역6번 출구 수원방향 승차
  - 나라기록관 앞 하차)
- 협력단~양재역 순환차량(25인승) 일3회 운행
  (양재역 9번출구 서초구민회관 앞
  / 10:30, 14:00, 16:30 출발)

초판 인쇄	2015년 8월 28일
초판 발행	2015년 9월 1일

지은이	이상옥
발행인	김영목
발행처	한국국제협력단
주　소	경기도 성남시 수정구 대왕판교로 825
전　화	031.740.0114
팩　스	031.740.0655
홈페이지	http://www.koica.go.kr

펴낸이	윤태현
편　집	선형숙
디자인	윤의숙
펴낸곳	시나리오친구들
출판등록	1999년 3월 5일 제201-13-917호
주　소	서울시 마포구 아현동 굴레방로1길 6
전　화	02.712.9286
팩　스	02.712.9284

printed in Korea ⓒ 2015 이상옥
ISBN 978-89-89538-65-3 (03810)
값 13,000원

＊ 이 책 내용의 전부 또는 일부를 무단 복제하는 것은 저작권법에 의해 금지되어 있습니다.
＊ 저자와의 합의에 의해 인지는 생략합니다.